DETOX
de
PAREJA

RAQUEL VIDAL-DURÁN

DEDICATORIA

A mi hija, Aixa, quien con su sensibilidad e inteligencia emocional
me inspira y me motiva a superarme.

CONTENIDO

AGRADECIMIENTOS

A mis padres, que me dieron lo más grande, la vida.
A mi padre de crianza, por su afable dedicación al cuidarme.
A mis maestros, por compartir su valioso conocimiento.
A mis pacientes, que confiaron en mí para caminar con ellos un
tramo del camino y aprender juntos.
A mi familia y amigos, por su gran apoyo.

PRESENTACIÓN

Habiendo tantos libros acerca del amor y las relaciones de pareja ¿por qué escribir uno más? He tenido la fortuna de leer a excelentes autores, y también de aprender de excepcionales maestros que me enseñaron cosas que todavía no he podido encontrar en los libros. Esta obra reúne esos conocimientos que, en combinación con mi experiencia profesional, han resultado muy útiles para ayudar a muchas personas.

Cabe mencionar que, con la intención de resguardar la identidad de las personas aquí mencionadas, se han cambiado los nombres y se han modificado algunas de las circunstancias de cada caso, pero se han conservado en esencia los patrones conductuales que sostienen las implicaciones y los eventos familiares con los que se relacionaban.

Cada vez que doy de alta a un paciente siento una enorme satisfacción. Recuerdo el día en que cada uno comenzó la terapia y gratamente lo comparo con su situación actual al finalizar el proceso, me emociona ser partícipe y testigo de su mejoría.

Mi sueño al escribir este libro fue el de ayudar a más personas a sanar las heridas, resolver sus problemas y estar listas para una relación de pareja más satisfactoria. Quería tener la posibilidad de llegar a más gente, no solamente a través de mi práctica profesional, con mis pacientes, sino también a quienes en el día a día, en todos los rincones del mundo, sufren por amor. Si logran mejorar sus relaciones se convertirán en un vivo ejemplo que podría influir de manera preventiva en los más jóvenes.

Independientemente de que si lo que aquí afirmo te resulta revelador, trillado o descabellado, me gustaría invitarte a considerarlo y reflexionar, tomando lo que consideres útil y descartando lo que no te lo parezca.

Sé que no basta con un libro para transformar toda tu vida, sin embargo, los libros pueden causar un impacto positivo. Dependiendo de tu edad y las experiencias que hayas tenido, la situación en la que ahora te encuentras es resultado de un estilo de vida sostenido durante años.

Por esa razón, hice lo posible por concentrar la suficiente información posible en estas páginas e incluir ejercicios de apoyo. Aunque también estoy consciente de que no es lo mismo que una asesoría psicológica personalizada como la que brindo a mis pacientes. Sé que pueden quedar muchos cabos sueltos, pero al menos habré sembrado en ti una semilla que generará reflexión y, conforme la ayudes a germinar, irá provocando cambios en tu vida.

Comprenderás por qué has sufrido. Mejorarás tus relaciones. Te sentirás con más fuerza y tendrás más confianza en ti mismo. Distinguirás las señales de alerta que te indican cuándo alguien es o no lo que buscas para ti. Sabrás evaluar cuándo vale la pena luchar por una relación y aprenderás técnicas para nutrirla. Y disfrutarás más de la vida. Este es justamente el libro que una vez, hace mucho, desesperadamente, yo necesitaba leer. Me alegra que hoy lo tengas en tus manos.

PARTE I

LIMPIEZA INICIAL

EL AMOR PUEDE DOLER

Capítulo 1

LA TRAMPA

Podemos estancarnos en una relación que nos causa dolor.

El encantamiento ¿Cómo es capaz de sacrificarse tanto?

Era una tarde cálida, el atardecer resplandecía a través de la ventana de mi consultorio iluminando suavemente la habitación y un sutil aroma a vainilla perfumaba el ambiente. Una alfombra color marrón cobrizo cubría por completo el piso del lugar, y sobre ella había algunos cojines de variados tamaños, en colores beige y azul marino, distribuidos sin un orden en particular. La decoración era sencilla para evitar distracciones. Una delgada línea de pintura marrón claro separaba el color beige de la parte baja del resto de las blancas paredes, permitiendo así que el hexagonal reloj rústico de madera luciera único colgando justo en el centro de una de ellas. Sandra era una chica alta, guapa, de cabello negro y tez muy clara. Estaba sentada en aparente calma sobre un gran cojín azul, pero cuando comenzó a hablar su emoción se desbordó. Se sentía desesperada porque no podía tener con su novio el tipo de noviazgo que tanto le gustaría, pero tampoco quería terminar con su relación.

Según ella, aunque él era adicto a la cocaína y al alcohol, era un buen muchacho que luchaba para estar bien. Ya había intentado dejar de consumir drogas, pero no había tenido éxito. Cuando estaba en activo se portaba impulsivo, egoísta y grosero. Durante esos períodos de consumo, ella sufría mucho, se sentía herida por el comportamiento irresponsable e insensible de él, pero no perdía la esperanza de que él pudiera superar su adicción y, entonces, podrían tener la relación de pareja que siempre había soñado. Después de todo, en los breves episodios en que había logrado mantenerse "limpio" le había demostrado que podía ser atento, cariñoso y romántico. Eran precisamente esos instantes de ensueño los que mantenían viva la esperanza de esta chica… aparentemente.

- No puedo dejarlo. Si lo hago, sé que se hará mucho daño y no podría salvarlo – Sandra reveló.
- ¿Salvarlo? – pregunté.
- - Sí, necesita mi ayuda – respondió ella.
- ¿A quién no pudiste salvar? – insistí.
- A mi papá – contestó al tiempo que rompía en llanto – tomaba mucho y murió. No pude hacer nada por él. ¡No pude ayudarlo!

La agonía.

La relación de pareja es compleja, pero no tiene por qué ser complicada. Las parejas que están juntos sin ser felices se usan el uno al otro. Si las cosas no fluyen y se la pasan en conflicto es porque, en el fondo, su prioridad es otra. Tal vez crean que quieren estar bien en pareja, pero inconscientemente permanecen ahí por una ganancia secundaria oculta. Cuando no eres feliz con tu pareja y no le dejas, ni tampoco haces algo que realmente solucione los problemas, es porque internamente deseas que te vaya mal. ¡¿Cómo es eso posible?! Nadie quiere sufrir, todo el mundo desea ser feliz ¿o no? En cierto nivel esto es cierto. Conscientemente todos podemos perseguir la felicidad, aunque inconscientemente algunos cabalguemos hacia la desdicha.

Nadie es capaz de sacrificarse tanto y mantenerse en el sufrimiento sin un motivo verdaderamente sublime. Somos capaces de soportar situaciones extremadamente difíciles y dolorosas cuando tenemos un motivo noble que nos impulsa a seguir pese a las adversidades. La cuestión es que, cuando se trata de mantenernos en la infelicidad o la tragedia, generalmente ese noble motivo permanece oculto para nuestra atención consciente. Es decir, nos impulsa algo muy importante que no vemos y solamente nos percatamos de las consecuencias trágicas.

No eres la única persona que ha pasado por esto. Yo sufrí como tú. En mi caso, me avergonzaba tener un matrimonio miserable siendo terapeuta ¡¿cómo iba a guiar a otros a ser felices si yo misma no podía lograrlo?! Dejé la clínica y me dediqué por mucho tiempo exclusivamente a la docencia. Aún poco después de la separación y el rompimiento de mi matrimonio, no sentía tener la autoridad moral para hacer algo por otros. Estudiar el enfoque Transgeneracional me llevó a conectar los puntos que me faltaban para recuperarme. Ahora, llevo algunos años de vuelta dedicándome a mi pasión, la psicoterapia. He descubierto que mi experiencia es un gran tesoro que, junto con mi preparación académica y profesional, me ilumina el camino para saber cómo ayudar a quienes sufren por amor.

Si estás leyendo este libro es porque en tu corazón albergas la esperanza de arreglar las cosas y tener esa relación que sueñas con tener. Si cuando era joven alguien hubiese llegado a mi vida con estas herramientas que hoy tienes reunidas en este libro, me habría ahorrado muchos años de sufrimiento. No lo lamento porque gracias a eso nació en mí la inquietud de escribir un libro, con la intención de llegar a muchos corazones como el tuyo y apoyar en lo posible. Afortunadamente, tuve excelentes maestros y aprendí lecciones invaluables, cada uno puso su parte, y este libro que ahora escribo es en gran medida gracias a todos ellos. Mi tarea ha sido reunir cada uno de esos aportes y añadir mi contribución, para ahorrarte un largo recorrido de dolor y ayudarte a encontrar el camino hacia el amor que tanto anhelas.

Muchos caminos, una meta.

Hay una gran variedad de libros sobre Psicología y muchos terapeutas. La mayoría de ellos son muy buenos. Los problemas de pareja son abordados desde diferentes corrientes psicológicas, algunas veces con más o con menos eficacia y efectividad que otras, dependiendo de la preparación del terapeuta. Hay psicólogos con mucha habilidad y experiencia, y hay otros que necesitan aprender mucho todavía. La constante es la intención de ayudar al ser humano a aprender a vivir mejor. En cuanto a las corrientes, considero que no hay una correcta o incorrecta, todas aportan algo importante si sabemos cómo integrar lo bueno de cada una.

A final de cuentas, lo que necesita el cliente es solucionar el problema por el cual acude a terapia. En el momento en que éste queda solucionado, entonces se considera que la terapia ha sido eficaz y el paciente puede ser dado de alta. Si la vida del paciente no ha cambiado, y el problema persiste, la terapia no ha funcionado.

La solución es el objetivo.

¿Qué hace a este libro diferente? La perspectiva sistémica transgeneracional te permite acomodar los cimientos para después construir en firme. Este enfoque inicia con un trabajo vertical, tu relación con tu historia familiar, para luego incorporar el trabajo horizontal, la aplicación de recursos en tu presente, y después conjuntar ambos niveles con una visión a futuro, tus metas.

Imagina que tu meta es aprender a nadar, pero cada vez que entras al agua te hundes y a duras penas logras mantenerte a flote unos segundos alternando con angustiosas sumergidas y grandes tragos de agua. Después de patalear desesperadamente, medio logras asirte a la orilla de la piscina. Por más que lo intentas, no consigues flotar, mucho menos nadar.

Has intentado de todo: hierbas para relajarte, súper alimentos para tener energía, ejercicios de concentración, videos con los consejos de expertos nadadores, libros, grupos de autoayuda, clases con el mejor coach, membresía en un exclusivo centro acuático… ¡hasta viajaste al Mediterráneo para ver si lo salado del agua te ayudaba a flotar más! Pero ¡nada! Simplemente no consigues nadar.

De pronto, alguien se acerca y te pregunta qué traes colgado. Con extrañeza, miras hacia abajo y ves que traes un enorme medallón de plomo encadenado con un candado a tu cuello. De pronto todo cobra sentido. No es que seas incapaz, que te falte inteligencia, que tu destino sea el fracaso, que la técnica sea equivocada o que nadar sea imposible para ti. Lo que ocurre es que traes un medallón que te lleva al fondo. Y mientras lo traigas puesto, por más técnica que aprendas, te irás directo al fondo como ancla de barco.

Lo primero será darte cuenta del plomo que vas cargando, y que te aleja de tu objetivo que es nadar. Lo segundo, es descubrir dónde está la llave para abrir ese candado y liberarte para que puedas flotar. Lo tercero será aprender técnicas específicas para nadar y que así, logres alcanzar tu objetivo. Probablemente tendrás que aprender los cuatro estilos básicos de nado. Una vez los domines, tal vez pecho se te facilite más o mariposa sea tu preferido, pero sólo lo sabrás hasta que llegues a esa etapa. Así que dejaremos las técnicas para más adelante y, comenzaremos por algo de información para ir averiguando cuál es tu medallón.

¿Desdichadamente juntos o amargamente sol@?

Las calles del pueblo lucían alegres y coloridas debido a los puestos ambulantes de los comerciantes que acudían, como cada domingo, al mercadillo informal. La variedad de productos era abundante. Los distintos aromas de frutas, pasteles, hierbas medicinales y un sinfín de esencias exóticas se mezclaban, en ocasiones, con el olor de algunos animales domésticos que también estaban a la venta. El aromático azahar de las naranjas se perdía con el misterioso sándalo que, a su vez, dejaba paso al peculiar hedor de los chivos, para luego desvanecerse entre el dulzor de la vainilla. Cualquiera que tuviera algo que quisiera vender se presentaba en este lugar esperando ganar algo de dinero.

Nasrudín caminaba por las concurridas calles del pueblo con una gran alfombra enrollada a cuestas sobre su hombro. El peso de ésta parecía no importarle. Mientras avanzaba, entre los diferentes negocios y los transeúntes curiosos que caminaban de puesto en puesto inspeccionando en búsqueda de alguna baratija, iba gritando:

- ¡Cien monedas por esta alfombra! ¿Quién la quiere? ¿Alguien? –

Un hombre de aspecto serio e intelectual se acercó y pidió ver la alfombra. Nuestro vendedor la desenrolló para que pudiera ser apreciada por el posible comprador, quien la observaba en detalle guardando silencio y tomándose su tiempo. De pronto, interrumpió el momento de contemplación de su cliente con una breve descripción del producto. Se trataba de una alfombra que había sido tejida a mano por sus antecesores y había pasado de generación en generación hasta llegar a las manos de éste. Su diseño y calidad eran impecables.

- ¿Por qué pides solamente cien monedas? –preguntó asombrado el cliente.
- ¿Acaso hay un número mayor que cien? –respondió incrédulo Nasrudín.

¿Acaso hay algo más que sufrir en pareja o sufrir en soledad? ¿Tienen arreglo los problemas con tu pareja? ¿Está en tus manos mejorar tu relación? ¿Mereces amor, atenciones y un mejor trato? ¿Depende de ti que él o ella reaccione? ¿Necesitas armarte de valor y terminar tu noviazgo o matrimonio? ¿Cabe la posibilidad de sentirte mejor por tu cuenta y disfrutar la vida hasta que puedas encontrar una mejor pareja?

Según el Instituto Nacional de Estadística y Geografía -Inegi-, los divorcios en México han aumentado a casi el 500% en las últimas décadas.

En 1980 por cada 100 matrimonios había 4 divorcios; en 1990 y 2000 esta cifra se elevó a poco más de 7 divorcios, para 2010 el número de divorcios por cada 100 matrimonios fue de 15 y al 2013 se registraron casi 19 divorcios por cada 100 matrimonios. (http://cuentame.inegi.org.mx/poblacion/myd.aspx?tema=P).

A nivel mundial, también podemos observar que, de los nuevos matrimonios, un alto porcentaje está optando por el divorcio. Según Divorce Magazine: Suecia encabeza la lista con un 54.9%, Estados Unidos tiene un 45.8%, Suiza un 25.1%, Italia un 10% y la India con el 1.1% se coloca al final con el porcentaje más bajo. (https://www.divorcemag. com/articles/world-divorce-statistics-page-1).

Yo creo que, prácticamente, nadie se casa con la intención de divorciarse, a excepción de los matrimonios por conveniencia en los que los consortes tienen un acuerdo temporal por el cual contraen nupcias, como en el caso de quienes se casan para obtener la residencia en otro país, o por obtener dinero, o algún otro beneficio.

La gran mayoría de las personas nos casamos con la gran ilusión de que nuestro matrimonio durará para toda la vida. No pensamos que seremos una estadística más. Creemos que superaremos cualquier obstáculo y que nuestra relación sea invencible: "El amor lo puede todo". Pero no siempre es así.

¿Y qué hay de esos otros desdichados que permanecen juntos, pero no son felices porque siguen esperando algo que nunca llega? El apego es una vinculación afectiva intensa y duradera. Es aferrarse a algo o alguien y resistirse a dejarle ir. Nuestro miedo a perderle nos hace candidatos al sufrimiento. Pero se trata solamente de una tablita de salvación, aunque duele, funciona como un escudo para no tocar una tristeza más profunda. Para Sandra, era más fácil sufrir por su novio que contactar el inmenso dolor de haber perdido a su padre sin haber podido ayudarle.

Para algunas personas, no es fácil soltar, ni siquiera en la viudez. Parecen aferrarse al recuerdo de su pareja, mantienen una remembranza mediante la híper-presencia del difunto que mitiga el inmenso dolor del vacío que se resisten a sentir. El tema sale a relucir en cada conversación, tienen fotos suyas por todos lados, y se mantienen fieles, si no en cuerpo, sí en corazón. Incluso si fue un mal partido o de plano parecía no amarles, pueden olvidar mentiras, desinterés o malos tratos y glorificar al fallecido como si fuera un héroe o un santo. No viven plenamente su presente. Evadiendo el dolor se mantienen en el sufrimiento. Sus familiares y amigos intentan arrancarles el recuerdo mientras ellos se aferran más a él.

Intentar forzar, muchas veces, no da buenos resultados. Lo que favorece es respetarlo, pues cada quien tiene su propio ritmo. Si no has podido soltar, seguramente hay una intención positiva detrás de tu sufrimiento, y eso es justo lo que hay que descubrir. Cuando alguien pide ayuda, entonces está listo para recibirla. Cuando buscas opciones y trabajas en la solución, entonces estás listo para el cambio. El duelo no tiene por qué prolongarse demasiado, es posible vivirlo corto cuando te atreves a sentir intensamente lo que hay.

De la misma manera, no es necesario tomarse mucho tiempo para arreglar los problemas en una relación de pareja. Dependiendo del problema y de cada pareja, puede variar, pero no es necesario desperdiciar años en el intento.

¿Acaso pido demasiado?

Muchas veces, necesitamos a alguien externo que nos ayude a mirar lo que no estamos viendo. Lo ideal es tomar terapia. Sin embargo, no todas las personas tienen las posibilidades económicas, geográficas o temporales, para invertir en un proceso terapéutico y lograr los cambios necesarios en el menor tiempo posible con asesoría personalizada. A veces, la ayuda puede venir de muchos lados: de un libro, una película, un familiar, un amigo, un sacerdote, rabino o pastor, un ponente en un curso, un vecino… ¡hasta de un extraño! cuando estamos atentos y abiertos a recibirla.

¿Cómo saber si hay esperanza o si estás pidiendo demasiado? Un parámetro que puede serte de utilidad, al menos para saber que no te "falla un tornillo" y que no estás exagerando al hacer peticiones a tu pareja, es el dolor que sientes. Si algo te está hiriendo en la relación, tienes derecho a pedirle a esa persona que cambie algo para no lastimarte. Y si no lo hace ¿quién dijo que debes seguir con él o ella a costa de tu sufrimiento? ¿Vale la pena el precio que pagas? ¿Crees que lo bueno compensa lo malo? ¿No mereces lo bueno sin el sufrimiento?

Ahora bien, es importante distinguir una necesidad de un capricho. Una cosa es pedirle al otro que deje de hacer algo que te afecta o hiere, y otra muy distinta es exigir que haga algo tal como tú lo quieres. Lo complicado es darnos cuenta de lo que hacemos y para qué lo hacemos. Pero, conforme vayas avanzando en este libro, tendrás más claridad acerca de aspectos importantes que te ayudarán a practicar los recursos que necesitas implementar para construir una relación amorosa más saludable y disfrutar del amor.

Capítulo 2

LOS MITOS

Nos sacrificamos esperando el día en que todo se acomode.

Una chica ingenua ¿Cómo es capaz de creer eso?

Un manto de nubes grises anunciaba una gran tormenta. El viento frío soplaba con fuerza al tiempo que unas gordas gotas de lluvia desencadenaban un aguacero. Podíamos ver cómo el granizo comenzaba a reunirse en montoncitos por las orillas del camino. Mientras, Karen y yo, que estudiábamos el último año de Psicología, nos resguardábamos en la cafetería de la universidad esperando a que parara la granizada. Ella tomaba una manzanilla y yo bebía un chocolate caliente. Ambas éramos jóvenes y soñábamos con encontrar el amor. Entre sorbo y sorbo me confió que, apenas un par de semanas atrás, había sospechado de estar embarazada. Llevaba muy poco tiempo con su novio, si acaso un par de meses, pero creía estar enamorada. A pesar de que sus sospechas habían sido despejadas con un resultado negativo en la prueba de embarazo, ese día intenté por todos los medios posibles convencerla de cuidarse.

- No lo conoces bien ¿Qué tal si te es infiel, si tiene problemas con las drogas o te golpea? –

- ¡Claro que no! Está enamorado de mí y yo de él –

- ¿Y si te embarazas y con el tiempo descubres que él no es lo que pensabas? –

- Si quedo embarazada nos casaremos y seremos felices –
- Pero, lo viste espiándote cuando visitabas a tu tía, sabes que es celoso, mentiroso y desconfiado –
- Es porque vamos empezando. Ya se dará cuenta de que lo amo y no tendrá que celarme –
- ¿Y si empeora? ¿Y si se vuelve controlador?
- Sería mi cruz. Pero ¡tranquila, que no pasará!
- ¿Cómo es que crees que debes aguantarlo? ¿Quién te dijo que debes estar siempre con una persona a pesar de que te haga daño?
- El matrimonio es para siempre. Así lo manda Dios.
- ¿Cuándo te lo dijo Dios? ¿O alguien más te ha dicho que eso es lo que Dios dijo? Me preocupa ¿Por qué mejor no te cuidas y usas algún método anticonceptivo? ¿Qué tal condones?
- No, a él no le gustan. Se niega a usarlos –
- ¿Y si le dices que de otra manera no tendrás coito con él? ¿Te querrá lo suficiente para aceptar tu decisión? ¿Y si tú compras los condones sin esperar a que él lo haga?
- No, mi madre podría encontrarlos en mi bolso y se enojaría mucho al enterarse. Cree que soy virgen. Mi religión me prohíbe tener relaciones sexuales antes de casarme ¡Mi mamá se moriría si se enterara!
- Y, sin embargo, las tienes. Y si llegas a quedar embarazada tu madre tendrá que enterarse… y no habrá marcha atrás –

Al poco tiempo Karen se embarazó. Se casó y tuvo a su bebé. Unos meses después de haberse convertido en madre, la encontraron muerta en la calle y no se supo quién fue el asesino. Algunas amigas sospecharon del marido, pues decían que era agresivo y controlador, pero nunca se comprobó nada.

Y prácticamente tuve casi el mismo diálogo años atrás con otra amiga que se embarazó antes de cumplir los dieciocho años de edad. Tuvimos una discusión parecida, y al cabo de un mes el resultado dio positivo. Lleva más de veinticinco años casada y, desafortunadamente ha pasado por adicciones, infidelidad y golpes por parte de su marido. Supe que fueron a terapia. Espero y deseo de corazón que ahora le esté yendo bien.

Las creencias.

Cuando estamos en la fase del enamoramiento (en-amor-amiento), solemos enfocarnos en aquello que nos gusta y perdemos de vista el panorama en general. Por más que alguien nos brinde argumentos sólidos, no dejaremos de ir tras lo que buscamos. ¿Qué me faltó para poder ayudar a mis amigas en aquellos momentos? Para empezar, que ellas quisieran escucharme con atención. Sólo me oían para responder de inmediato con una objeción. Yo necesitaba reconocer que no soy una heroína que puede persuadir a cualquiera por "su propio bien", y poder respetar su decisión. Estar ahí como lo que era, una amiga.

Cuando buscamos o formamos pareja, hay mucho más en juego de lo que imaginamos. Influyen aspectos como la cultura, el idioma, la familia, la infancia, experiencias previas, etc. Y no hacemos pareja con una persona, sino también con toda su historia, sus costumbres, su familia, etcétera.

Podemos mantener ideas ilógicas o simplemente descontextualizadas de nuestra situación, como "la esperanza muere al último", "es mi cruz", "no es tan malo", "todos los hombres son iguales", "no encontraré a alguien mejor", "no podría vivir sin ella", "en verdad me ama", "el amor lo puede todo", entre otras.

Nuestras creencias suelen ser como los tapa-ojos de los caballos, sólo nos permiten ver una parte del camino y nos dejan ciegos ante el resto del escenario, guían nuestro actuar limitando nuestras posibilidades.

Tus creencias pueden ser un impulso positivo o un obstáculo para tener la relación que deseas. Por eso es importante analizar cuál es la creencia que tienes detrás de cada una de tus decisiones. Es probable que tus problemas tengan remedio, pero mientras sigas pensando que tu pareja se equivoca y tú estás en lo correcto, no cambiarás tu parte. Mientras sigas creyendo que debes seguir con esa persona porque no tienes otra opción, no verás las alternativas que tienes para poder mejorar tu noviazgo o matrimonio. Cuando eres capaz de terminar también puedes distinguir si existe solución. Sólo quien en verdad está dispuesto a marcharse, es libre para ver si hay algún camino para quedarse.

Cultura y arquetipos.

Aprendemos del entorno en el que crecemos. Por ejemplo, la mujer latinoamericana es mundialmente conocida por ser dócil, hasta abnegada. Y aunque rechacemos el arquetipo, lo llevamos en los huesos. Hacemos cosas que ni siquiera nos pasa por la mente cuestionarnos. ¿Por qué la mujer debe cocinar para el hombre? Cocinamos y le servimos la comida en la mesa para ser buenas esposas, porque así lo han hecho nuestros antepasados y así lo hacen las mujeres a nuestro alrededor. Con algunas excepciones, no importa si estamos cansadas, si nosotras ya comimos o no vamos a comer, si nuestro hombre tiene hambre es nuestra responsabilidad atenderlo y saciar su hambre. ¡Como si tuviera algún impedimento mental o físico, o fuera un niño que no puede cocinar para sí mismo!

¿Y por qué un hombre debe ser el principal sostén económico de la casa? En la mayoría de las culturas, la responsabilidad de generar el ingreso suficiente para la familia suele recaer en el varón. Lo cual, puede implicar un alto grado de estrés para él. Y para la mujer conlleva el alivio de no tener esa presión, si el marido la mantiene le evita tener que enfrentar cualquier sentimiento de incompetencia ¡Claro! sin dejar de pagar un precio por ahorrarse dicho esfuerzo. No es fácil ser madre soltera y combinar trabajo y familia, de ahí que algunas opten por aguantar humillaciones en su matrimonio.

Aprendemos que la mujer debe luchar por la familia, aunque haya que tolerar situaciones difíciles o dolorosas, o a pesar de que estas ocurran una y otra vez. Supongo que podríamos escribir una gran lista tan sólo acerca de las cosas que hacemos creyendo que debemos hacerlas sin cuestionarnos para qué las hacemos. Las consideramos normales, son parte de nuestras vidas. No es que esté mal hacerlas, lo que no es sano es hacerlas sin saber por qué y para qué lo hacemos. De ahí la importancia de revisar a dónde nos llevan nuestras creencias para evaluar si es el resultado que deseamos.

El papel de la religión.

Tengo dos amigos, a quienes quiero mucho, que verdaderamente viven los valores de su religión y predican con el ejemplo. Son cálidos, amables y pacientes. Son personas admirables que tienen un gran corazón. Su fe permea sus vidas y promueve en ellos la compasión y la generosidad.

El objetivo de las religiones es unirnos a Dios, re-ligare, fortalecer el vínculo con lo supremo. La historia nos ha enseñado que somos los seres humanos quienes, movidos por nuestras creencias, podemos llegar a causar demasiado daño o mucho bienestar a otros o a nosotros mismos. Podemos abanderarnos de una religión en particular e interpretar sus leyes a nuestra manera. O tomar sin vacilación una indicación para aplicarla fuera del contexto para el cual fue diseñada. La inquisición cobró muchas vidas. Muchas personas pueden sufrir cuando se toma literalmente una frase sin considerar las circunstancias particulares de cada situación. Solemos convencernos de estar en lo correcto, por lo tanto, creemos que cualquier otra versión es incorrecta.

Si usamos el filtro de unas cuantas preguntas éticas o prácticas, tal vez podamos disminuir las consecuencias negativas. Por ejemplo, ¿con esto que quiero decir o hacer causaré algún perjuicio? ¿Vale la pena el precio que voy a pagar? ¿Puedo obtener lo que busco de alguna manera que no ocasione daño a nadie? ¿Lo que voy a hacer a esa persona, me gustaría si me lo hicieran a mí? ¿Eso que no hago y que me gustaría hacer, me hace bien sin perjudicar a otros? ¿Cómo lo sé, cuáles son mis fuentes, cómo puedo verificarlo?

Obedecemos muchas leyes implícitas de manera inconsciente. Como no están expuestas o no se habla de ellas abiertamente, solamente las detectamos y las seguimos, "así es como se hace". Recuerdo cuando una amiga extranjera me dijo que al estar en Guadalajara se sentía como si estuviera en Marte. La gente pensaba y actuaba de una manera totalmente diferente y hasta absurda a lo que ella estaba acostumbrada. Aprendemos de nuestra cultura y nuestra familia una serie de reglas de las cuales ni siquiera somos conscientes.

Si la religión te dice: "el matrimonio es para toda la vida" es para que no lo tomes a la ligera. Considera que hay personas que, a las primeras de cambio, terminan una relación sin esforzarse. Se limitan a zafarse del compromiso, culpando al otro, sin responsabilizarse de su parte, afectando a su cónyuge y a sus hijos.

Pero esta premisa tan bien intencionada tiene sus límites, no es absoluta ni aplica bajo cualquier circunstancia. Lucha por tu matrimonio, sí, y cultiva tu relación con la intención de que sea para toda la vida. Pero también, abre los ojos cuando la realidad te grite a la cara que no es posible.

Tus verdaderas creencias.

Los resultados que obtienes reflejan tus verdaderas creencias. Si sufres en tu relación de pareja, cabe preguntarte ¿qué te mantiene ahí?

¿Podrá ser…? La creencia de que los momentos desagradables desaparecerán y sólo quedarán los agradables, o que…

☐ no has luchado lo suficiente,

☐ tu relación todavía tiene esperanza,

☐ no serás quien desista,

☐ la esperanza muere al último,

☐ has invertido mucho como para darte por vencido,

☐ tarde o temprano él o ella entrará en razón,

☐ él o ella cambiará en eso que no te gusta,

☐ aprenderá y hará lo que le pides,

☐ con el tiempo las cosas irán mejor,

☐ los problemas quedarán atrás,

☐ dejará de hacer lo que te hiere,

☐ querrá estar solamente contigo,

☐ algún día serás su prioridad,

☐ terminará esa relación y estará solo contigo,

☐ nadie te amará más,

☐ no encontrarás a alguien mejor,

☐ si le dejas se enamorará de otra persona,

☐ no podrás sin él o ella,

☐ si lo intentas con alguien más pasarás por lo mismo,

☐ ocasionarás a tus hijos un daño irreparable,

☐ serás una mala persona si no luchas más,

☐ serás un fracasado,

☐ serás la oveja negra de la familia,

☐ en la segunda vuelta hay que conformarse,

☐ las divorciadas son vistas como mujeres fáciles,

☐ no vales si no eres capaz de mantener tu matrimonio,

☐ las cosas no están tan mal.

¿Cuánto más quieres seguir esperando? Cuestiona tus creencias como si fueras fiscal y defensor simultáneamente, confrontándote y brindando argumentos hasta donde te sea posible, hasta llegar a una conclusión.

Capítulo 3

LA RESISTENCIA

Aunque otros puedan ver lo obio, nos cuesta aceptarlo.

La ceguera ¿Cómo no ve que él no la ama?

El sol anunciaba radiante una mañana de primavera. El canto de las aves se iba perdiendo entre el bullicio citadino que comenzaba a instalarse en la urbe.

Hacía dos años que Benjamín, tras confesarle una infidelidad a su esposa Lucy, había decidido marcharse de la casa porque estaba enamorado de su amante. La fugaz relación duró menos de medio año y al cabo de unos meses, él le dijo a Lucy que había cometido una equivocación y que tenía intenciones de rehacer su matrimonio con ella. Sin embargo, nunca se mudó nuevamente con ella.

El timbre de la casa sonó y enseguida se abrió la puerta. Benjamín ya no vivía ahí, pero conservaba su juego de llaves. Como cada mañana, de lunes a viernes, llegó puntual a las 8:15am.

El aroma de un fresco café recién hecho lo invitaba a sentarse a la mesa mientras esperaba a que sus hijos estuvieran listos para llevarlos a la escuela. Pidió a Lucy una taza y, como de costumbre, anticipó con hambre el desayuno. El plato con quesadillas calientitas no se hizo esperar. Ella puso en la mesa dos salsas que había preparado para él, una roja de jitomate asado y otra de tomatillo verde con chile serrano. También colocó al centro un platón con melón cortado en rebanadas y una jarra de jugo de naranjas que acababa de exprimir.

Como de costumbre, después de servir el desayuno, Lucy empacaba tres refrigerios, uno para que él llevara a la oficina y los otros para la escuela de los niños. Además de un emparedado cuyos ingredientes variaban cada día, no podían faltar una fruta, unas galletas y un paquete con nueces variadas.

En la primera sesión la dejé llorar, conmovida por el dolor que esta mujer sentía al no poder recuperar su matrimonio. Reuní información con la entrevista, le hice algunas ligeras observaciones y le dejé una tarea sencilla. Pero en la segunda sesión no dejé pasar la oportunidad para confrontar las señales de desinterés que estaba ignorando y aquellas cosas que ella misma hacía con intención de rescatar la relación y que provocaban lo contrario.

- Hoy que llegó por los niños, yo le tenía listo el desayuno tal como le gusta. Me senté a acompañarlo y le pregunté cuándo pensaba regresar a la casa. Se molestó con mi pregunta y empezamos a discutir –explicó Lucy.
- Si él no vive contigo ¿para qué le preparas el desayuno todos los días? –pregunté.
- Pues, porque es mi esposo –respondió Lucy.
- Sí, legalmente lo es, pero no vive contigo. Y no te pregunté por qué, sino para qué ¿Para qué tienes ese tipo de atenciones hacia él? ¿Qué esperas conseguir? –insistí.

Lucy creía que Benjamín iba a regresar a vivir con ella. Era atenta y detallista para agradarle y ayudarlo a decidirse pronto. Paradójicamente, ocurría lo contrario. Benjamín no mostraba, con hechos, ninguna intención de regresar. Ella le facilitaba las cosas para que él siguiera con su vida de soltero. Obviamente resultaba cómodo para él tener los beneficios de una esposa que vivía en una casa aparte sin tener las obligaciones y limitaciones que impone una vida en común. Pero Lucy no notaba eso, solamente veía su ilusión: él regresaría a casa y volverían a vivir juntos en familia. Creía que, teniendo atenciones hacia él, más rápidamente reaccionaría y se arreglarían las cosas.

No queremos sufrir… pero actuamos como si eso buscáramos.

Tenemos justificaciones de peso y no queremos escuchar lo que nos confronta con la realidad. Aunque nos desgarre por dentro, nos encerramos en una concha en la que no permitimos que nada entre, deseamos con todo el corazón que esa persona nos ame tanto como le amamos, anhelamos que llegue el día en que deje de hacer eso que nos hiere y que se convierta en "el príncipe azul" o "la mujercita dulce" que siempre soñamos.

En el fondo, estamos ahí justo en el centro de ese gran dolor por una razón que escapa a nuestro entendimiento. Para quien nos ve sufrir puede parecer una locura que podamos permanecer tanto tiempo en una situación así. Y si nos lo preguntaran, inmediatamente diríamos que no queremos sufrir de esa manera, pero no sabemos cómo resolverlo. Tal vez hasta llegues por momentos a creer que no sufres tanto, que tu caso no es tan grave, que eres feliz con él o con ella… pero una parte de ti sabe que podría ser mucho mejor.

Podría ser que, si haces memoria, recuerdes las palabras de alguien que se opuso a tu relación, o alguien que quiso darte un consejo porque le pareció que podrías ahorrarte el sufrimiento. Y tú le escuchaste con resistencia, rechazando sus palabras punzantes como si te defendieras de un ataque. Podrías haber asegurado que se equivocaba, que su percepción era incorrecta y muy alejada de la verdad. Tal vez no fuiste capaz de apreciar su buena intención y tampoco tomaste con cautela su advertencia. No pusiste en duda sus palabras, simplemente las desechaste porque se contraponían con tu opinión. Probablemente tu relación con ese amigo o ese familiar se vio afectada porque emitió un consejo no solicitado.

Nuestra mirada se limita a esperar a que la solución llegue cuando esa persona cambie. Algunas veces, intentamos mejorar para complacerle, creyendo que nuestro cambio le hará cambiar.

Nos quedamos ahí, atorados en una relación que no es lo que queremos, porque en el fondo, es precisamente lo que buscamos. Ya lo veremos más adelante. Y en aras de mantenerla, ningún argumento es tan válido como todas las cosas que nos decimos a nosotros mismos para aguantar y permanecer ahí.

Esperamos que el otro cambie.

En verdad esperamos que el otro cambie. ¿Por cuánto tiempo más seguirá una chica creyendo que el hombre a quien ama por fin dejará a su esposa? Y puede ingenuamente creer que, justo cuando él estaba a punto de hacerlo, una razón de peso se interpuso entre sus planes, una y otra vez. La culpa la tiene la enfermedad de la esposa, o el suegro controlador que lo amenaza, o la empresa que no progresa, o un evento familiar pendiente. Siempre hay algo importante que impide que él esté con ella, a pesar de que es a ella a quien ama ¿será? Los hechos difieren del discurso de él y de lo que ella elige creer. Lo cierto es que él no está con ella. Pocas relaciones logran sobrevivir a ese tipo de comienzo, pues se forjan sobre la mentira.

Desde fuera puede parecer absurdo que una mujer siga casada con un alcohólico que le promete que dejará la bebida y ese día jamás llega. O que un hombre siga con la ilusión de que su esposa algún día dejará de menospreciarlo.

Es más fácil ver la paja en el ojo ajeno que la viga en el nuestro. Nuestro caso no es como el de los demás. No es tan grave. Al cabo, lo que no nos gusta no es tan malo. Y nuestro compañero no es como otros, es más consciente, y sí podrá cambiar.

A lo mejor, necesitamos poner más de nuestra parte. Si tan sólo nos esforzamos un poco más, esa persona valorará nuestro esfuerzo y cambiará. Puede que sea nuestra culpa que se comporte así. Si desatiende nuestra relación es porque me quejo demasiado. Si es frío o distante es porque no lo atiendo como esperaba. Si no quiere tener intimidad conmigo es porque no le comprendo. Si bebe es porque lo desespero. Si no escucha mi opinión es porque yo no soy un experto. Si pasa mucho tiempo con sus amigos es porque yo no soy compañía agradable. Si me ha sido infiel es porque he descuidado mi aspecto físico. Si me cela es porque le doy motivos. Si se enoja es porque yo lo provoqué. Si me regaña es porque no hago las cosas como le gustan. Si me grita es porque no aprendo. Si me ofende es porque discuto mucho. Si me golpea es porque lo empujé. No me gusta que me trate así, pero creo que tiene razón y lo merezco. ¡Si tan sólo aprendo a ser mejor me querrá más, hará lo que tanto me gustaría que hiciera, y seremos felices!

¿Cuántas veces te has dicho algo parecido? ¿Cuánto tiempo has esperado a que el otro deje de hacer algo o comience a hacer algo que no hace? ¿Cuánto tiempo más quieres seguir esperando sin ver respuesta alguna? ¿O quieres actuar para que el cambio suceda?

El reto.

¿Estás dispuesto a realizar un viaje de transformación que requiere esfuerzo y honestidad contigo mismo? No se trata de inteligencia, muchas personas inteligentes y sobre-educadas han estado en relaciones tormentosas. Tampoco se trata de ganas, estoy segura de que nadie en sus cinco sentidos diría que desea sufrir o que quiere mantenerse en una relación mediocre.

Este viaje te llevará a recordar eventos en tu vida y contactar con situaciones muy dolorosas para poder sanar. Para poder curar una herida que se ha infectado es necesario primero limpiarla. El proceso de limpieza duele, pero ayuda a cicatrizar y sanar más rápido. De lo contrario, la infección puede causar problemas mayores y dolerá por mucho más tiempo. Así que… vamos a revisar cómo está la herida, para determinar qué es lo que necesitas para sanar.

PARTE II

LIMPIEZA PROFUNDA

IGNORAMOS POR QUÉ SUFRIMOS

Capítulo 4

LA HERENCIA FAMILIAR

Nuestro sacrificio es un profundo acto de amor.

Un profundo amor ¿Cómo aleja a quien la ama?

Alan y Melissa eran un matrimonio joven que discutía con frecuencia. Alan estaba a cargo de una empresa familiar de la cual alternaba, cada año, la gerencia con su hermano. Este era un año demandante para él porque además tenía otros negocios que atendía permanentemente. Ella se dedicaba principalmente al cuidado del hogar y del bebé, e intentaba montar un pequeño negocio en su localidad.

Querían solucionar su problema antes de que empeorara y afectara más su relación. Sabían que las cosas no necesariamente tenían que ser así, y buscaron la manera de mejorar. Viajaban cada semana desde otra ciudad para tomar la terapia. A lo largo del proceso terapéutico, revisamos varios aspectos que contribuían a sus discusiones. Al cabo de un tiempo, su relación empezó a mejorar.

Inesperadamente, un día parecían haber dado marcha atrás. Llegaron al parque donde los atendía con una notable seriedad, ambos tenían caras largas. Se sentaron en la banca de siempre y pude notar que sus cuerpos adoptaron posiciones opuestas, casi como si quisieran darse la espalda. Algo no muy bueno debía haber pasado.

- No sé si quiero seguir con ella o divorciarme – sentenció él con mucha seriedad.

Había sido el cumpleaños de Melissa y, para celebrar, fueron a un gran centro comercial. Estando en un restaurante, ella avisó que iría al baño y le pidió a él que mientras tanto cuidara al bebé. Cuando salió del baño vio que él tenía al niño tomado de una mano, y con la otra sujetaba el teléfono atendiendo una llamada. Melissa lo miró y comenzó a reclamarle: que no era posible que no pudiera cuidar bien a su hijo ni tan sólo por unos minutos, que como siempre descuidaba a la familia por trabajo, etc. Él no comprendía el reclamo que parecía totalmente injustificado y reaccionó a la defensiva. La discusión se acaloró y se gritaron a mitad del establecimiento. Salieron del lugar sin comer.

- Melissa ¿Qué fue lo que te molestó? – le pregunté.
- Que le pedí que cuidara un momento al bebé y no lo hizo – contestó.
- ¿Cómo no lo hizo? Yo escuché que lo tenía de la mano – insistí.
- Sí, pero yo le había lavado las manos al bebé y le pedí que lo cuidara para ir a lavármelas también. Y cuando regresé él estaba en una llamada y el bebé estaba tocando el suelo – aclaró.
- ¿Le pediste que cuidara que no se ensuciara las manos porque se las habías lavado para comer, o sólo le pediste que lo cuidara? –cuestioné.
- Sólo le pedí que lo cuidara –admitió.

Las mujeres tenemos una extraña tendencia a dar por hecho que el otro sabrá lo que queremos con unas cuantas palabras o, incluso, ¡sin palabras! Después de todo, para nosotras es obvio y debiera serlo también para él. ¡Si tan solo fuera adivino!

Se canceló la celebración y el problema se agravó cuando hicieron un alto en casa de los padres de Alan. Al llegar ahí, él se ofreció a cargar unos bolsos que Melissa bajó del auto, sin embargo, ella se negó a recibir su ayuda. Mientras Alan narraba este suceso, un cambio en su voz reflejó el dolor que sentía.

- ¿Qué pasó que no quisiste que cargara los bolsos? –le pregunté a ella.
- Pues, si ya nos vamos a divorciar ¡que sepa que puedo sola! – afirmó con voz contundente.
- Ah, de modo que ¿quieres divorciarte? –recordé su genograma y un evento difícil en su historia familiar–. Si te divorciaras ¿a dónde o con quién te irías a vivir? –cuestioné.
- Con mi mamá –respondió.
- ¿Cómo está ella en este momento? –pregunté con voz suave.
- Acaba de tener otra crisis –esbozó con los ojos húmedos y luego soltó el llanto.

La importancia de la historia familiar.

La madre de Melissa padecía de depresión, diagnóstico que fue emitido por un psiquiatra, según me había informado la propia Melissa. Ver sufrir a su madre era difícil para ella. Ya habíamos tocado el tema, pero en esta ocasión la reciente crisis había puesto de manifiesto lo mucho que le afectaba.

Ella no podía soportar estar felizmente casada mientras su madre sufría tremendamente con la depresión. Sentía culpa por no poder ayudar, por dejarla sufrir. La "culpa falsa" surgía d ela idea de estar siendo una mala hija. ¿Cómo ser feliz mientras su madre sufría tanto?

Se creía capaz de ayudarla y, por lo tanto, responsable de hacerlo. Si lograba fracasar en su matrimonio, no tendría obstáculos que le impidieran irse a vivir con sus padres y cuidar a su madre durante sus crisis. Este profundo amor de hija resulta infantil porque, aunque ella quisiera, no está en posición de solucionarle la vida a su madre. Lejos de ayudar, duplica el sufrimiento. Y, también es un amor ciego que se mantiene encubierto implicando a la hija en problemas que aparentemente no quiere tener, pero que -sin percatarse de ello- busca.

¿Qué tipo de pareja buscas inconscientemente? Eso que tienes ahora es justamente aquello que buscaste. Manuel Contreras, fundador y director del Instituto de Psicoterapia Transgeneracional, dice que "firmamos el divorcio mucho antes de conocer al prospecto". Sergio Vázquez, fundador del Instituto de Terapia Gestalt Región Occidental (por sus siglas INTEGRO), decía que "si traes un silbato que llama patos, no esperes que lleguen venados".

Son muchos los factores que entran en juego para sentirnos atraídos por alguien. Y uno de estos componentes es precisamente los asuntos inconclusos en relación a nuestra familia. Buscamos a alguien con quien potencialmente podamos reconstruir el escenario ideal para repetir una situación familiar que no hemos podido resolver. Tal como Sandra buscó un adicto como novio, para tener una segunda oportunidad de salvar a su padre. Lo triste es que en la realidad no solucionamos el problema pendiente porque éste se originó con otra persona y en nuestra infancia.

Es algo así como Nasrudín cuando, un día al atardecer, buscaba sus llaves. Daba vueltas y vueltas bajo un farol, mirando al piso en la acera frente a su casa. En eso estaba, cuando un vecino se acercó a ayudarle y, después de un buen rato de estar buscando juntos, le preguntó:
- ¿En dónde las perdiste exactamente?
- Se me cayeron por los escalones de la entrada.
- ¿Y por qué estás buscando acá en la acera?
- Ah, es que aquí hay más luz.

Nunca las iba a encontrar en ese lugar porque no fue ahí donde se le cayeron. De la misma manera, insistimos inconscientemente en reproducir escenarios con actores suplentes para concluir la obra que no pudimos terminar con figuras importantes. Y la solución está en el origen, en la relación primaria, con los actores principales, con nuestros padres.

"No es, por tanto, el nuevo hombre quien es el verdadero objetivo de tus sentimientos amorosos. Es lo que simboliza, lo que te da una segunda oportunidad de resolver". (Schlessinger, 1995, p.64).

> *La verdad es que a todos nos resulta difícil advertir que los acontecimientos importantes en el seno de nuestra familia de origen, y la forma en que respondemos a ellos, afectan profundamente a nuestras relaciones de pareja actuales o futuras. (Lerner, 1991, p. 45).*

No es que debamos excavar en el pasado y hundirnos en él. Uno de los principios sistémicos transgeneracionales nos señala la importancia de "dejar el pasado en el pasado". Se trata de revisar qué de nuestra historia está afectando nuestro presente, para resignificarlo y poder avanzar hacia nuestras metas.

Tu pasado personal y familiar no te afectan realmente, te afecta la interpretación que haces de él. Los eventos que ocurrieron en tu sistema familiar no determinan tu destino, lo que influye en tu vida es la explicación que haces de esos eventos y tu forma de gestionarlos. De ahí que la psicoterapia puede tener excelentes resultados. Si el pasado fuera determinante no habría nada qué hacer y nadie se escaparía de sus efectos. Es lo que tú crees y lo que te dices a ti mismo acerca de lo que pasó, lo que tanto te afecta.

Necesidad de pertenencia.

Uno de los instintos más poderosos en el ser humano es la necesidad de pertenencia. En los tiempos en que el ser humano era nómada, la sobrevivencia dependía de la unión grupal. Si a una persona se le excluía del clan, lo más probable era que le esperara la muerte. Resultaba imperante permanecer en grupo, porque era prácticamente imposible sobrevivir sin los demás.

De alguna manera, hemos perpetuado esa necesidad. La sed de pertenencia es tan apremiante que nuestra naturaleza se asegura de conservarnos con vida a través de este mecanismo inconsciente.

Este instinto nos acompaña durante toda la vida, no solamente durante la infancia. El bully o acosador escolar tiene éxito al molestar a su víctima gracias a que otros niños se le unen y se comportan como él. Esos niños están buscando sentirse aceptados al formar parte de una pandilla. Nos comportamos de forma diferente según las reglas de cada agrupación, sabemos lo que se permite y lo que no, hacemos las cosas que creemos debemos hacer para conservar nuestro lugar.

En aras de pertenecer somos capaces de muchas cosas, hay quién se atreve a suicidarse o a asesinar. Algunos descuidan su salud fomentando que ciertos genes se activen para enfermarse y morir del mismo padecimiento que ha aquejado a otros miembros en su estirpe. "Las personas en esta familia se enferman del corazón". Premisa que conlleva la idea inconsciente de que, para ser de esta familia, debes enfermarte igual; si no, no eres "de los nuestros". Léase insuficiencia renal, cáncer, diabetes, problemas hepáticos, o cualquier otra afección que abunde en tu progenie.

El grupo de referencia más importante es nuestra familia. Y hacemos una infinidad de cosas para poder asegurar nuestra pertenencia. Desgraciadamente, la mayoría de esas conductas las llevamos a cabo sin ser conscientes de que estamos "haciendo lo que en nuestra familia se hace". Seguimos las reglas que creemos son importantes para no perder "nuestra membrecía".

Lealtades.

La lealtad es el mecanismo por el cual, consciente o inconscientemente, buscamos asegurar nuestra pertenencia a un grupo determinado.

El código legal familiar (Langlois, D. y Langlois, L, 2014) es el conjunto de reglas, derechos y obligaciones para los miembros de un sistema familiar. Desde que nacemos en el seno de nuestra familia, conforme vamos tomando conciencia, vamos identificando qué es aceptable y qué no. Nuestra necesidad de pertenencia nos mantendrá dentro de los límites aceptables. Podremos atrevernos a romper con ciertos lineamientos, pero muy probablemente no transgrediremos aquellas normas que nos pondrían en riesgo de exclusión.

¿Quieres echar un vistazo de hasta dónde influye el código legal familiar en tu vida? Toma lápiz y papel. Anota todas las ideas que se te ocurran en torno a cada uno de los siguientes conceptos, y revisa qué es lo que opina tu familia acerca de ellos: alegría, enojo, tristeza, éxito, fracaso, matrimonio, divorcio, sexualidad, dinero, educación, miedo, vulnerabilidad, fortaleza, religión, esfuerzo. Por ejemplo, ¿es bien vista la expresión de tristeza? ¿Bajo qué circunstancias y de qué manera se puede expresar? ¿Quiénes pueden mostrar tristeza? ¿Qué se piensa de una persona que rompe en llanto? ¿De qué se puede estar triste y de qué no? ¿Con quién se puede mostrar la tristeza y con quién se debe ocultar? ¿Cuánto tiempo se permite estar triste sin que otros intenten "ayudar" a cambiar el estado de ánimo? ¿Qué provoca la tristeza de uno en los demás familiares?

No todas las lealtades son negativas. Si veo la inteligencia como un rasgo distintivo en mi familia y creo que las mujeres han sobresalido por ello, seguramente desarrollaré mi capacidad intelectual hasta un grado que me permita sentirme parte "de las mías". Si no soy tan lista como ellas, entonces no soy parte de ese grupo. Así que es probable que ni siquiera me cuestione si tengo o no la capacidad o si llegué tarde a la dotación cerebral… Seguramente me creeré inteligente y tomaré los resultados que comprueben mi hipótesis como pruebas irrefutables de que, efectivamente soy inteligente y soy parte de "mii tribu".

Cualquier característica que predomine en tu familia y que contribuya a tu crecimiento personal, es una buena lealtad para cultivar. Piensa en todos aquellos rasgos positivos que están presentes en dos o más personas en tu familia. Ahora, puedes verlos como un regalo que está ahí para que lo tomes y lo desarrolles en tu beneficio.

Lealtades limitantes.

Hay algunas lealtades, sin embargo, que nos obstaculizan el camino hacia una vida plena. Piensa, por ejemplo, en una familia en la cual las mujeres suelen quedarse solas: enviudan, se separan, se divorcian, el marido se marcha y nunca regresa… o se sienten solas por la poca convivencia o la falta de expresiones amorosas por parte de su pareja. Si una mujer, de manera inconsciente, elige ese rasgo para mantenerse leal a las mujeres de su familia, seguramente se buscará a alguien que tarde o temprano se marchará, morirá, o se comportará de una manera que contribuya a mantener su sensación de soledad. Es probable que, si se divorcia, se cierre a la posibilidad de volver a casarse, o que se niegue a tener citas.

"En esta familia, nadie se divorcia, aunque viva un infierno en su matrimonio". Sí, ¡claro! Y por creerte el cuento, te buscaste al roto para el calcetín, formando una relación de perros y gatos en la que ambos luchan por mantenerse infelices. Culpar al otro no te saca del hoyo en el que estés. Necesitas revisar tu silbato ¿qué haces tú para atraer patos a tu vida cuando decías querer un venado?

¿Cuáles son aquellos rasgos negativos que encuentras parecidos entre tú y los miembros de tu familia? ¿Qué lealtades limitantes te impiden lograr tus objetivos? Puede tratarse de cualquier cosa, desde la elección de una carrera, hasta la elección de la pareja o el tipo de convivencia con ésta.

Haz una lista de esas lealtades limitantes y cómo las expresas en comportamientos específicos, para que puedas distinguirlas con mayor claridad. Trabajaremos con esta lista más adelante. Por lo pronto, basta con tomar conciencia.

La sobrevivencia del sistema familiar.

La cibernética nos aporta explicaciones muy interesantes sobre el funcionamiento de los sistemas familiares. Un sistema es un conjunto de elementos interactuando para el logro de un objetivo común. No es un montón de cosas apiladas, es un grupo de miembros que se relacionan entre sí y tienen una función. La suma de sus partes concede propiedades particulares al complejo en su totalidad, que de otro modo no existirían.

No es lo mismo tener por separado los ingredientes para un pastel, que ponerlos a interactuar y crear esa hogaza. Si no cuentas con todos los elementos, no importa si tienes el resto: sin la harina, por ejemplo, no tendrás pastel. No importa si es de trigo, avena o centeno, dependiendo del tipo de pan que pretendas hornear, pero es definitivo que necesitas un ingrediente que haga lo que hace la harina. Por lo tanto, todos los miembros son importantes. La obtención de ese pastel depende de que estén todos sus ingredientes mezclados en el orden correcto para que cada uno haga lo que le toca.

En una familia, es mucho más complejo. No podemos cambiar a un miembro y sustituirlo con otro. La red familiar se constituye con todos aquellos que han contribuido a que el grupo se conforme de la manera como existe en el presente. Pertenece la pareja que a través de la sexualidad dio vida a sus hijos. Con la consanguineidad están vinculados los hermanos, tíos y sobrinos, abuelos y nietos, etc. Y también forman parte todos aquellos que hicieron algo trascendental que determinó la configuración del sistema. Por ejemplo, el novio de la abuela que murió y que, gracias a su muerte, ella pudo casarse con el abuelo y ahora tú existes. Si él no hubiera muerto, la abuela no se habría casado con el abuelo y tú no habrías nacido.

Por lo tanto, si un ingrediente importante del pastel no está en la lista, no tendremos pastel. Si un miembro de la red familiar es excluido por dolor, decepción, ira o vergüenza, mediante el olvido, el desinterés, la desinformación, el rechazo, el juicio o la crítica, el distanciamiento, etc., los miembros de esa familia tendrán la sensación de que algo grave ocurre, como si el pastel corriera el peligro de desaparecer. Esta idea es inconsciente, pero nos puede llevar a sacrificarnos para dar un lugar al que lo ha perdido injustamente.

La exclusión puede presentarse de diversas maneras: cuando hay alguien a quien nadie invita a las reuniones, un bebé que no nació y sus hermanos no saben de su existencia o nunca se le dio un nombre, un antecesor que hizo algo mal visto y nunca se habla del asunto, un familiar cercano (tío o abuelo) de quien ignoras o no recuerdas cómo se llama, etc.

Síndrome de Aniversario.

La madre de Liz perdió a sus dos primeros bebés, para cuando la tuvo a ella, a sus 25 años, atravesaba momentos difíciles. El padre era un hombre casado que nunca se hizo cargo de la criatura. Se sintió sola y sin apoyo. Por su parte, Liz había sido una chica saludable, pero justamente a sus 25 años empezó a padecer unos dolores menstruales tan intensos que la enviaban al hospital. Era como si su cuerpo estuviese protestando por algo. Cuando ella misma se embarazó varios años después, sus hormonas contribuyeron a aliviar esos dolores.

Ann Ancelin Schützenberger (2006), alrededor de los años 50, observó que los pacientes con los que trabajaba habían desarrollado su primer brote psicótico a la misma edad en que a algún familiar le había ocurrido algo grave. Encontró una sorprendente coincidencia en la memoria transgeneracional de estas familias, lo que la motivó a estudiar más a fondo el tema.

Hay eventos que, por la intensidad emocional que generan, dejan huella en la familia. Ya sea que se trate de algo agradable –como el nacimiento de un nuevo integrante, una boda, una graduación o un viaje–, o de algo desagradable –como un fallecimiento, un divorcio, la bancarrota, un accidente o una enfermedad grave–, la memoria familiar guardará el registro del acontecimiento. Los demás miembros serán especialmente sensibles al impacto que causó este suceso y se harán proclives a repetir algo similar alrededor de la misma fecha (día o mes) o a la edad que tenía la persona a quien le ocurrió.

Si elaboras tu árbol familiar anotando los eventos más significativos con fechas y edades de cada quien cuando éstos ocurrieron, seguramente encontrarás interesantes hallazgos e identificarás una repetición genealógica.

- En mi familia todos nacen o mueren en febrero —exclamó una alumna al revisar su genograma— ¡con razón me pasan tantas cosas siempre en ese mes!

Hay quien, tras una reciente separación o divorcio, se enferma justo un par de días antes de la fecha en que sería su aniversario de bodas, o se separa en la misma fecha o edad que otros de sus familiares. Hay quien luego de separarse, pasa una noche romántica y apasionada con su ex-pareja para después seguir separados sin notar que el inesperado reencuentro ocurrió alrededor de su aniversario.

Judith estaba indecisa. Quería aceptar la propuesta de su pareja para celebrar la Navidad y, a la vez, sentía que una parte de ella sólo deseaba quedarse en cama a descansar, sin hacer absolutamente nada. Su madre acababa de morir hacía pocas semanas. Todavía estaba en proceso de duelo. Además, su hermana menor había fallecido en diciembre, mismo mes en que Judith cumple años. Desde que su hermanita murió, dejó de entusiasmarse por su cumpleaños y por la Navidad. Pasó bastante tiempo hasta que, ante la insistencia de su madre, poco a poco, había recuperado la alegría por festejar. Pero ahora, anímicamente se estaba anticipando al doble impacto de esa época difícil.

Síndrome del Fantasma.

Daniel murió de asfixia en la cuna, y a los dos años nació un nuevo hermano quien recibió el mismo nombre. El segundo Daniel tiene problemas en sus relaciones de pareja y con frecuencia siente que le falta el aire. Padece crisis de ansiedad, y esto ha limitado su independencia porque teme salir de casa sin compañía.

Tal como en medicina el síndrome del miembro fantasma refleja una situación en la que, después de una amputación, el paciente siente y actúa como si todavía tuviera el miembro de su cuerpo que ha perdido; en psicología este síndrome muestra cómo un paciente puede repetir rasgos de personalidad o conductas de otro miembro de su familia a quien busca dar un lugar. De manera que, pareciera que intenta suplirlo heredando problemas emocionales o de salud, como si viviera su vida para incluirlo en el cuadro familiar. Entonces, esta persona puede experimentar algún sentimiento muy intenso sin explicarse por qué ni comprender con qué está relacionado, como miedo, tristeza, ansiedad, etc.

Una situación muy común es cuando se nombra a un nuevo bebé con el nombre de un fallecido. Por ejemplo, una pareja pierde a un bebé y nombran igual al siguiente hijo. También puede ocurrir que alguien se identifique con un antecesor sin coincidir en el nombre, cuando por consecuencia de la repentina y traumática muerte que aquejó a la familia se produce un silencio o un secreto, por dolor, culpa o vergüenza, negando y obstaculizando el duelo.

Serge Tisseron (2001) estudió este interesante fenómeno en el que un miembro posterior se identifica con uno anterior y lo personifica. Quien lleva el nombre de un familiar y, en especial cuando se trata de un fallecido, tiene la extraña sensación de tener que cubrir ciertas expectativas, de no poder vivir su vida con libertad, de tener que llenar un molde ajeno. Es como si tuviera que representar un papel porque no tiene un lugar propio, se le ha asignado suplir o copiar al anterior y tiene dificultades para desidentificarse con el modelo a seguir. Por lo tanto, es posible que su pareja tenga la sensación de que no está por completo en la relación, como si estuviera ahí, pero sin estarlo.

La Psicogenealogía nos explica el mecanismo de sustitución (Langlois, D. y L, 2014), como una defensa ante el dolor de la pérdida, en el cual la familia intenta conservar presente al miembro que fallecío a través de atribuir expectativas a un nuevo bebé. Éste, a su vez, de manera también inconsciente acepta el contrato familiar como parte de asegurarse la sensación de pertenencia.

Desde la Metagenealogía, Alejandro Jodorowsky (2015) nos explica que nombrar a un recién integrante con el mismo nombre que un anterior, independientemente de si vive o muere, es una gran carga que puede afectar a ese nuevo miembro durante toda su vida. Éste tenderá a delimitar su actuar dentro de ese nombre, como si se le hubiera impuesto a través de éste un determinado destino.

En realidad, se trata de una identificación transgeneracional, en la que un posterior se siente conectado con anterior y repite historias o destinos de manera inconsciente. Siente una especial conexión con esa persona, sobre todo si eran cercanos. Puede ocurrir también sin haberle conocido, tan solo por la versión familiar, o incluso sin siquiera tener información explícita sobre él. Sabemos que la comunicación va mucho más allá de las palabras, y se transmite a través de las generaciones con el lenguaje no verbal.

Identificación transgeneracional por vínculo: yo te miro, yo te sigo.

Al entrar a la casa de Diana mis ojos se detuvieron en un gran cuadro en el centro de la pared principal de la sala, el cual, robaba atención del árbol de navidad colocado en la esquina. La pequeña habitación era bastante acogedora, y una veladora encendida descansando sobre una pequeña repisa de madera resguardaba la imagen central. Se trataba de una fotografía, el rostro de Simón, un hombre que podríamos considerar estéticamente promedio, pero que para ella era la viva imagen de la guapura andando, el padre de sus hijos, el hombre que amó.

A Diana nunca le faltaron pretendientes. Sin embargo, se había enamorado de un hombre casado. Ella ignoraba, al principio, que no era soltero, al menos conscientemente, porque seguramente pasó muchas señales por alto que le habrían hecho sospechar.

Tras enterarse de la verdad, decidió continuar su relación con él como su amante. Y, al poco tiempo, se embarazó con su primer hijo. Su familia la juzgó y algunos no se limitaron en hacer evidente su desaprobación mediante comentarios o distanciamiento emocional y físico. Por supuesto que a Diana le dolía que Simón no viviera con ella, le desagarraba imaginarlo compartiendo intimidad con su esposa. Pero aparentaba conformarse con la situación como si no fuera "la gran cosa".

Su relación se prolongó por varios años, y tuvieron en total tres hijos. Con cada embarazo la familia la juzgaba y la rechazaba todavía más. Hasta que un día recibió la noticia que daría un vuelco a su vida. Él había fallecido en un accidente. De pronto, todos los sueños que había construido alrededor de Simón le fueron arrancados bruscamente. Además de sus hijos, sus ilusiones fue lo único que le quedó. Diana lo idolatró aun más.

La bisabuela de Diana, madre del abuelo materno, había sido "regalada" por su propia madre a un hacendado acaudalado de la región en pago por una deuda que tenía en su tienda de víveres. Esta "madre desnaturalizada" había enviudado y se había endeudado en la tienda del pueblo para dar de comer a sus hijos. El hacendado, que era un hombre casado, se interesó en la hija mayor, pero como ésta se negó a corresponder a sus pretensiones, la viuda convenció a la hija menor de aceptar el trato. Y así fue como la bisabuela mantuvo una relación de amante en la que procreó cinco hijos. Estos hijos, cuando crecieron, cambiaron su apellido paterno y duplicaron el apellido de su madre, excluyendo así al "indigno padre".

En la versión familiar se podía notar el dolor al imaginar el sufrimiento de la bisabuela al sacrificarse para salvar a la familia de la deuda económica y el juicio hacia el bisabuelo, a quien nadie en la familia llamaba por su nombre, ni mucho menos por el parentezco. Se trataba de su bisabuelo, a quien le debían, en parte, su existencia. La exclusión que hacían de éste podía advertirse porque casi no salía en la conversación en comparación con el resto de los familiares. Si acaso llegaba a ser mencionado, se notaba cómo lo despreciaban a través de la manera distante de nombrarlo "el señor" o "el hacendado", en el hecho de que no sabían casi nada acerca de él o de sus demás parientes por parte de él, y en el discurso teñido de desaprobación sobre lo poco que sí sabían, por ejemplo, que tenía muchos hijos "regados" porque tenía varias amantes.

Por lo tanto, un mecanismo inconsciente de Diana para incluir a su bisabuelo era buscarse un hombre que lo representara para transferir y expresar su afecto. Además, era leal a la bisabuela y a la madre de ésta, al quedarse sola.

La identificación con la bisabuela era una forma de vincularse con ella a través del sufrimiento. La bisabuela se sacrificó por el bienestar financiero de su madre y su hermana. Diana, a su vez, se sacrificó por el bienestar emocional de su madre, su hermano, tíos y primos al incorporar "la harina" que no podía faltar en el pastel.

Al igual que Diana, podemos identificarnos de manera inconsciente con algún ancestro que ha sufrido considerablemente o que ha sido excluido. Nos afecta tanto su dolor que imitamos su destino para solidarizarnos y no dejarle solo, como si a través de nuestro sufrimiento pudiéramos aminorar el suyo.

Hay personas que, cuando muere un ser querido importante, se deprimen o pierden las ganas de vivir. Mueren a la vida, fallan en sus proyectos, pierden dinero, fracasan en pareja… o hasta intentan suicidarse. Generalmente, este mecanismo ocurre en relación a un antecesor, aun cuando el detonador pueda ser la pérdida de una pareja sentimental. La persona se identifica con el familiar que sufrió o que ya falleció y anhela ir a su lado. Y puede vivir durante años guardando en su interior este deseo de morir.

¿Cómo saber si te estás identificando transgeneracionalmente? Por supuesto la manera más eficaz es tomar terapia, para que un terapeuta experimentado te asesore correctamente. Pero también puedes revisar tu genograma (árbol genealógico) por tu cuenta y poner atención en los hechos trágicos que han ocurrido. Si descubres que hay similitudes y que te conmueve de manera muy especial lo que le pasó a alguien de tus antecesores, es probable que estés identificado. Fíjate en las consecuencias que te ocasiona, tal vez el camino no sea el mismo, pero el resultado sea muy parecido: sufrir de manera similar (abandono, infidelidad, soledad, codependencia, etc.). No suele ocurrir en sentido contrario, es decir, es poco probable identificarse con descendientes.

Identificación transgeneracional por rango: yo en tu lugar, yo te cuido.

En medio del salón una mano se levantó para participar. Eva compartió en clase que rechazaba invitaciones de amigos a salir para poder quedarse en casa y cuidar a su madre, de 45 años, que estaba sola y no tenía más compañía que su hija. Ni pensar en una pareja, era lesbiana y esa sería una noticia que le rompería el corazón a su madre. Aunque deseaba poder divertirse como el resto de sus amigas, sentía el compromiso de no dejar sola a su madre.

Eva estaba tomando un lugar que no le correspondía. Al quedarse a hacerle compañía a su madre, al guardar un secreto para protegerla, al creer que ella podía cuidar a su mamá, en realidad estaba ocupando de manera simbólica el papel de madre de su madre. ¿A quién le toca cuidar a quién, a la madre le toca cuidar a su hija, o a la hija le toca cuidar de su madre?

Hay un principio sistémico transgeneracional que nos dice "los padres dan, los hijos toman". No es ley universal, es un principio, una guía, y depende del contexto. Habrá casos en los que los hijos darán a sus padres, bajo circunstancias peculiares en las que ese intercambio inverso sea saludable. Sin embargo, en general, lo saludable es que los padres den a los hijos y éstos tomen de sus padres.

Cuando nos apropiamos de un lugar que no nos corresponde, no podemos funcionar adecuadamente. La harina no puede hacer las funciones del polvo para hornear. Si en un automóvil ponemos el motor en el asiento trasero, y el volante en el hueco que dejó éste, el coche no servirá para lo que fue diseñado, no avanzará. Bajo el mismo principio, una familia no puede funcionar y tener armonía si sus miembros no ocupan el lugar que a cada uno le toca, con los derechos y obligaciones que tiene su posición.

Si un hombre pretende decir a su madre cómo debe vestirse, regañar a su hermana por no cumplir con los deberes en la escuela, reclamar a su padre por tener una amante o decirle cómo llevar sus finanzas, etc., este hijo no está ocupando su lugar. Simbólicamente está siendo padre de su madre, de su hermana, o de su propio padre. Con su madre le toca ser hijo, ella tiene un rango jerárquico mayor, le dio la vida, es una autoridad para él. Su hermana es su igual, le toca apoyarla y ser solidario, no arrogarse el papel de supervisor o tutor. Y con su padre le toca ser hijo, sin pretender guiarlo ni involucrarse en el matrimonio que lleve con su madre.

Cuando una persona, de manera no consciente, detecta que uno de sus padres se dirige a la muerte, puede tener la tendencia a buscarse problemas. Por ejemplo, si la madre de una mujer fuma mucho a pesar de haber empezado a desarrollar enfisema, si descuida o daña su salud, o si abiertamente ha intentado suicidarse, ella podría tener la predisposición a tener accidentes o hacer algo que ponga en riesgo su salud o su vida, como intentando salvarla través de ser ella quien muera. Se sacrifica por su madre y, al pretender protegerla, ocupa un lugar que no es el suyo, el de su abuela materna. ¿A quién le toca cuidar a la madre? A la abuela.

Hay distintas maneras en que los seres humanos podemos alterar el rango y ubicarnos en un lugar que no nos corresponde. Y muchas pueden ser las consecuencias negativas, pero entre ellas está definitivamente el perjuicio que ocasionamos a nuestra relación de pareja. Si no estamos en nuestro lugar, no podemos estar disponibles con quien nos corresponde.

¿Difícil, cierto? Pero debemos cuidar no meter las narices donde no nos incumbe porque sólo nos haremos daño y perjudicaremos nuestras relaciones.

Identificación transgeneracional por intercambio: yo lo pago por ti, yo lo hago pagar por ti.

Mary sentía rabia hacia los hombres, lo cual le dificultaba llevar una buena relación con su pareja. Su abuela materna quedó huérfana de madre siendo una niña pequeña y, al volver a casarse el padre de ésta, la envió a un internado donde pasó el resto de su niñez y adolescencia. Ya casada, cuando la abuela tenía alguna dificultad en su matrimonio, se tiraba a los pies de su marido y se arrastraba en el piso suplicando que no la dejara. El abuelo se aprovechaba de su baja autoestima siendo ofensivo con ella. La rabia que la abuela no pudo expresar al ser abusada física y emocionalmente por el abuelo, Mary la expresaba hacia su pareja. En una doble transferencia, Mary se identificaba con su abuela, volcando hacia sí misma el sentimiento de rabia y venganza que su antecesora no pudo manifestar y, a la vez, transfería el objeto de la rabia, que era el abuelo, hacia su marido.

Cuando alguno de nuestros ancestros cometió una injusticia o fue víctima de algún atropello, podemos identificarnos con él. En un intento de reparar el desequilibrio originado, es posible que pretendamos cobrar la cuenta o que busquemos pagar la deuda que quedó pendiente en nuestra familia.

El sistema familiar pareciera guardar un libro de contabilidad en el que se registra un balance del intercambio de sus partes entre sí y con otros sistemas. Cuando se altera el equilibrio, un miembro especialmente sensible se hará propenso a saldar la deuda, aunque él no la haya originado. No es el desbalance en sí, sino la vivencia de éste la que desestabiliza al sistema.

El problema no es que al bisabuelo le robaron la herencia. El asunto es que uno de sus bisnietos interpretó este evento como algo muy traumático, se identificó con él, y se buscó un socio fraudulento para arriesgar su capital sin la protección de un contrato firmado.

Por ello, una de las mejores cosas que podemos hacer por nuestros descendientes es no dejar cuentas emocionales pendientes. Si cuidas no hacer daño a otros, reparar o compensar el daño que hagas, y poner límites cuando te hagan daño a ti, no cargarás culpas a cuestas y favorecerás que tus hijos, nietos o bisnietos no se vean tentados a querer arreglar los problemas que dejaste sin solución.

Capítulo 5

EL ANHELO

Deseamos sentirnos amados.

Maquillando de rosa un cuento gris ¿Cómo soporta eso?

La música instrumental era apenas audible, se combinaba con el sonido de una lluvia ligera pero constante que provenía del exterior. En la sala había un gran sillón gris oscuro. Laura se sentó en un extremo y yo en el otro. La miré con atención mientras ella respiró profundamente y comenzó a hablar. Llevaba alrededor de dos años enamorada de David. Quería tener el valor de dejar la relación, pero sentía que lo necesitaba como necesitamos el aire para respirar. Sabía bien que él se acostaba con otra chica y, aunque esta situación le partía el corazón, deseaba que él se decidiera sólo por ella.

- Lo amo, pero no estoy segura de lo que él siente por mí.
- ¿A qué te refieres? –Estuvimos juntos este fin de semana, me quedé a dormir en su departamento. Y en la mañana, al despertar, intenté abrazarlo, pero él se cubrió por completo con la sábana, hasta la cabeza, y se dio la vuelta, como para que yo no lo tocara.
- ¡¿Cómo?! ¿Y qué hiciste?
- Nada, me quedé ahí en la cama. No le dije nada. Él también actuó después como si nada hubiera pasado. Ya lo ha hecho antes. Me rechaza constantemente.

El amor ciego no conoce límites.

Además de una identificación por vínculo con su abuela materna con una doble transferencia y una identificación por rango con su madre, Laura parentalizaba a este chico por un movimiento interrumpido hacia su padre. Es decir, le dolía el sufrimiento de su abuela, le preocupaba que su madre no cuidara su salud, y esperaba que su novio llenara con cariño el hueco que ella sentía por la ausencia de figura paterna.

La abuela materna, de quien llevaba el mismo nombre, sufrió la infidelidad del abuelo que mantuvo una relación por años con una amante. Como la madre de Laura nunca se casó con el padre, ni vivieron juntos, la abuela fue quien estuvo al pendiente de ella desde siempre. La ira de Laura hacia "la otra novia" de su pareja era la réplica de la ira de su abuela hacia la amante del abuelo. Laura repetía la tragedia del triángulo amoroso porque amaba mucho a su abuela y se identificaba con ella a través de su sufrimiento.

La madre de Laura no estaba bien de salud y se rehusaba a acudir al médico. Laura estaba a miles de kilómetros de su ciudad natal y no dejaba de preocuparse por su madre. Por lo tanto, un hombre inestable e incapaz de comprometerse era la pareja perfecta para, tal como Melissa, terminar sola y poder ir al cuidado de su madre.

También, le dolía sobremanera el desinterés del novio y anhelaba sentirse importante para él. Tan sólo imaginar que su relación terminara era demasiado doloroso porque esa pérdida la conectaba con la sensación de abandono por parte de su padre. No era consciente de ello, hablaba de su padre como si se tratara de un trámite sin importancia. Sin embargo, el vacío y el sufrimiento la acompañaban como una sombra, soportando situaciones de desprecio que minaban su autoestima. Pero el rechazo del novio era más soportable que abrir la caja de Pandora y enfrentar un dolor más grande. En el fondo, no estaba enojada porque su papá se había marchado, estaba dolida porque siempre lo había amado.

El movimiento interrumpido.

Muchas son las investigaciones que demuestran la importancia que tiene recibir los estímulos emocionales suficientes y adecuados para el sano desarrollo del ser humano. Desde la gestación, el feto responde a ciertos estímulos. El bebé tiene necesidades, no sólo fisiológicas, sino también psicológicas. Por ejemplo, necesita el contacto físico para poder sobrevivir.

Cualquier persona puede cumplir la labor de criar a un bebé. Sin embargo, esperamos que aquellos que nos dieron la vida nos cuiden y llenen de amor. Pero nadie es perfecto. Nuestros padres hacen lo que pueden, a su modo. Unos se van, otros se quedan. Unos golpean, otros abrazan. Unos se desentienden, otros atienden. Unos permiten, otros ponen límites. Y muchos otros se balancean hacia a un lado o el otro mientras buscan el equilibrio.

La cuestión es que, como hijos, es probable que centremos nuestra atención en lo que no nos gustó o en aquello que nos faltó. Y las expectativas frustradas generan heridas. Esperamos algo de nuestros padres que nunca llega y nos resentimos. Más atención, más cariño y aprobación, presencia, etc. Pudieron habernos dado muchas cosas, pero justo con aquello que no nos dieron como hubiéramos querido, nos sentimos profundamente heridos.

A veces, la distancia puede deberse a un acontecimiento imprevisto, por ejemplo, un episodio en el hospital que separó a la madre del bebé. La imposibilidad de estar con su madre genera en el niño una especie de congelamiento emocional. Su necesidad no satisfecha le lleva a cerrar su corazón para no sufrir. Puede ser que deje de buscar su amor, se enoje, exija, desconfíe, crea que no merece, que no es importante, etcétera.

Imagina a un niño, que de manera natural y espontánea al ver su padre corre a sus brazos, pero suspende el paso cuando ve que éste se cruza de brazos y le da la espalda. El niño, atónito, a medio camino se congela, ya no avanza, interrumpe el movimiento amoroso y deja de buscar los brazos de papá porque no están disponibles para él. No puede comprender qué sucede, simplemente siente y reacciona. Sus sentidos están en alerta y guarda memoria del suceso doloroso. Con el paso del tiempo, el niño se queda con esta imagen en el corazón.

Independientemente de si nuestros padres fueron terriblemente difíciles o crueles, o si fueron sumamente amorosos, los hijos solemos encontrar algo de lo cual inconformarnos, dolernos, o quejarnos.

En algunos casos, un padre o una madre puede ser verdaderamente tóxico. Entonces, el niño debe aprender a cuidarse, pero eso no implica dejar de valorar y agradecer lo bueno. Siempre hay algo bueno que proviene de los padres, así sea solamente la vida ¡con eso ya tenemos bastante!

La autoestima se construye en casa.

El trato que recibimos de nuestros padres forja las bases para lo que creemos merecer en la vida adulta. Cuando los padres logran transmitir a los hijos que son valiosos, independientemente de sus acciones, éstos crecen sintiendo la fuerza para avanzar en la vida. Puedes llamarle la atención a tu hijo por algo que hizo, pero debes cuidar no calificarlo en su persona. Corrige la acción, no repruebes al actor.

¿Hay un número mayor que cien? Para que una persona tolere ofensas, humillaciones o golpes de su pareja, tuvo que haber crecido creyendo que no vale la pena. Es probable que el trato que recibió de alguno de sus padres le hiciera sentir que no era importante, que no era digno de amor, que era un estorbo. Durante su adultez cree no merecer o, simplemente, no conoce algo mejor.

En la práctica, he trabajado con muchas personas que sufrieron maltrato emocional. Éste es menos evidente que el abuso físico porque no deja moretones y la sociedad no suele prestarle mucha atención, pero es mucho más grave y frecuente de lo que imaginamos. Las secuelas duran más tiempo y la resistencia psicológica para superarlas es más evidente.

Una madre o un padre que sólo tiene comentarios negativos hacia ti, afectará tu autoestima. No lo hace intencionalmente, es muy probable que ni siquiera se dé cuenta. Incluso puede que ni tú te des cuenta. Pero los resultados no se hacen esperar: dificultad para establecer límites en tus relaciones, sensación de inadecuación, tendencia a sufrir abusos de autoridad, sobrevaloración de la opinión ajena, inseguridad, complacencia, etc.

Cuando tus padres son ambos maltratadores, puedes llegar a creer que es el trato normal hacia los hijos y repetir la historia. Cuando uno de ellos maltrata a sus hijos por igual, puedes guardarle rencor e intentar alejarte de ese patrón convirtiéndote en un padre consentidor. Cuando un padre te maltrata a ti, haciendo distinción con tus hermanos, indudablemente creerás que algo muy grave falla en ti y que tú eres el problema. Muy probablemente, en todos estos casos, tu autoestima estará mermada. Repito, no hay padres perfectos. Pero admito que hay padres que nutren, otros que a duras penas sobrellevan la paternidad, y otros que hacen mucho daño.

La necesidad de estar en paz con nuestros padres.

Biológicamente, todos los seres humanos provenimos de la unión de un óvulo y un espermatozoide. Sea cual sea la manera en que estos se unieron, la realidad es que todos tenemos un padre y una madre que dieron origen a nuestra vida. Tenemos sus genes en cada una de nuestras células, tanto si tomamos una muestra de piel, como si la tomamos del cabello, de un hueso, una uña, el corazón, etc.

Psicológicamente, podría decirse que nos sentimos mitad nuestro padre y mitad nuestra madre. Los llevamos en cada una de las células de nuestro cuerpo, en cada rincón de nuestro ser. Nos guste o no. Y nadie puede sentirse completo y fuerte rechazando a alguno de sus padres. De ahí la importancia de sanar el vínculo.

No estoy diciendo que si tu padre fue tóxico debes buscarlo y estar cerca de él. Estoy diciendo que no importa tanto si nuestros padres nos quieren, lo que importa es que nosotros podamos quererlos. Si de plano no te nace amor hacia alguno, al menos puedes agradecerle la vida. Sin él, o sin ella, no estarías aquí, no habrías tenido la oportunidad de vivir lo que has vivido, de conocer y amar a las personas que son importantes para ti. Piensa en el momento más feliz de tu vida. Ahora imagina que se esfuma, desaparece porque nunca naciste. Sin tus padres, y sin tus demás ancestros, no estarías aquí. Si tienes hijos y son lo más maravilloso que existe en este mundo para ti, puedes agradecer a tus padres el haberte dado la vida para que tú pudieras transmitirla. ¿Acaso no es un regalo invaluable?

El enamoramiento.

Es común que, aquello que quedó inconcluso con alguno de nuestros padres, busquemos concluirlo con la pareja. En el enganche edípico "lo que me hizo Juan, Pedro me la paga".

Laura buscaba sanar su herida por el abandono de su padre mediante un novio que mostraba desinterés en ella. Buscó a alguien que la rechazara constantemente para recrear la sensación de rechazo por parte de su padre y ser al fin aceptada.

Melissa le reclamaba a Alan que se la pasara trabajando, y demandaba siempre más atención, así como le faltó que su padre pasara más tiempo con ella cuando era niña, porque trabajaba doble turno. Alan deseaba que Melissa reconociera su esfuerzo y valorara sus cualidades, pues cuando era niño su madre desconfiaba que cumpliera con sus obligaciones de la escuela, a pesar de tener el mejor promedio en clases.

Buscamos repetir el escenario para dar un final feliz a la obra. Sin darnos cuenta, perseguimos una segunda oportunidad para llenar el hueco que nos quedó pendiente. Depositamos en la pareja las expectativas originadas en el anhelo con alguno de nuestros padres. Todos lo hacemos en mayor o menor medida, y las relaciones de pareja suelen comenzar de esa manera. Este componente de parentalización no necesariamente es patológico si lo mantenemos leve. El problema es cuando no nos damos cuenta y exigimos a la pareja lo que no le corresponde.

¿Cuál es tu enganche?

¿Cómo descubrir qué expectativa transfieres a tu pareja? A veces, no es tan sencillo ubicar cómo se relaciona nuestro anhelo infantil con alguno de nuestros padres y los problemas que tenemos con nuestra pareja.

Recuerdo una lección que un profesor en la universidad nos dio sobre el enganche edípico. "Si vas a una fiesta en donde hay cien hombres, y entre ellos hay dos que te gustan, esos dos tienen algo en común con tu papá". Varias de mis compañeras y yo nos quebrábamos la cabeza por encontrar similitudes.

- En mi caso no es cierto. Mi novio se echa pedos todo el tiempo y mi papá es muy correcto y educado. Son polos opuestos –refutó una de ellas.
- Mi papá y mi novio cumplen años el mismo día –comentó otra.

No necesariamente vas a buscar que haya un parecido físico o de personalidad. Se trata de ubicar qué es lo que quedó pendiente, qué crees que te faltó. Tal vez tu padre nunca creyó en ti y ahora te desvives porque tu pareja no dude de ti. Puede ser que tu madre te criticaba todo el tiempo y ahora permites abusos de tu pareja esperando te diga lo importante que eres en su vida. O que tu padre enfermó cuando te fuiste a vivir con tu madre y la culpa que creíste era tuya te lleva a justificarte ante los celos infundados de tu novio.

Hay quienes tuvieron padres muy amorosos y la necesidad pendiente es casi imperceptible. Para otros, la carencia les arrolló en la infancia y se volvió protagonista en sus vidas.

Cierra los ojos y piensa en lo que más falta te hizo de tu papá o de tu mamá. Recuerda esos momentos en que lo necesitabas y la sensación que te provocaba la situación. ¿Qué te hizo falta? ¿Cómo te sentías?

¿Qué tanto te gustaría que tu pareja cambiara? ¿Cuáles son los *pero's* que pones a la relación? ¿Qué es eso que sigues esperando que haga por ti? ¿Cuál es el trato que siempre has deseado recibir y que has tenido que conformarte con menos? ¿Cuál es ese sueño de pareja que has intentado ignorar? ¿En qué se parece la sensación de lo que añoras de tu pareja y aquello que esperabas de mamá o papá?

Capítulo 6

LA CLAVE

El amor es el problema y también es la clave para liberarnos.

La amargura ¡¿Cómo se resiste?!

El aroma a tierra mojada que provenía del pequeño huerto casero impregnaba la habitación. Había llovido casi toda la noche y el cielo permanecía nublado, refrescando la mañana. Eché un vistazo para apreciar los frutos del trabajo compartido con mi hija: tomates *cherries*, pepinos, zanahorias, pimientos, además de perejil y un par de albahacas que lucían el desgaste de una difícil batalla contra la plaga. Indudablemente la salud de las pequeñas plantas en almácigos que están bajo el cargo exclusivo de mi hija es una muestra de la dedicación y gusto que tiene por las plantas.

Con ese escenario en mente, encendí mi computadora y preparé el expediente de mi siguiente paciente. Envié el link para la video llamada y comenzamos la sesión. Apareció el rostro de Roberto, un intelectual cuya pasión era devorar libros en sus ratos libres. Quería saber cómo, después de segundas nupcias, ambas relaciones habían terminado en divorcio. Había aguantado años de rechazo sexual y emocional. La primera esposa frecuentemente no llegaba a dormir a casa, y la segunda abiertamente le decía que estaba feo y no le apetecía tener relaciones sexuales con él. Cuando se enteró de que su segunda esposa le era infiel, se buscó a sí mismo una amante cariñosa, pero cuando esta chica confesó estar enamorada, él terminó la aventura. Parecería gustarle el maltrato.

Georgina, la madre de Roberto, debía ser una pobre vieja agria e inconforme con la vida. Al hermano menor lo recibía con voz suave y cariñosa, se le iluminaban los ojos y la sonrisa se dibujaba con facilidad cada vez que este hijo aparecía en escena. Escuchaba con atención sus largas historias y culpaba a cualquiera que tuviera un problema con él. Alentaba cada plan suyo o proyecto, por absurdo que fuera, y lo consentía llenándolo de atenciones.

En cambio, para Roberto, su madre sólo tenía comentarios negativos y degradantes. Le hablaba con voz dura y áspera, casi como si lo odiara. Si él se acercaba con la intención de hablar, su madre lo recibía con la expresión de "Y ahora ¿qué quieres?". No importaba qué cosas hiciera para agradarle, ella nunca estaba conforme. Pedirle algo o comunicarle algún proyecto equivalía a salir con la cola entre las patas por ser tan inepto, poco inteligente, y tener la culpa de todo lo que los demás le hicieran. Si se le ocurría reclamar y echarle en cara la diferencia de trato, ella lo culpaba de exagerado, argumentando que se trataba tan solo de ideas en su cabeza.

Tras la separación de sus padres, cuando Roberto tenía apenas unos 8 años de edad, él y sus dos hermanos quedaron al cuidado de su madre. En un arranque de ira, al descubrir que su hijo había tomado dinero sin autorización para comprar unas golosinas, Georgina lo corrió de la casa y lo envió con su padre. Además del abuso emocional, Roberto vivió rechazo físico por parte de su madre, al serle negada la convivencia.

Georgina rehízo su vida pronto con una nueva pareja, y veía a su hijo una vez por semana, durante alrededor de cinco minutos, que era el tiempo que el niño tardaba en beber un jugo que ella le compraba en un mercado de la zona.

Ernesto, el padre de Roberto, era alcohólico y, además de una infinidad de situaciones difíciles, estando ebrio había intentado matar a su hijo ahorcándolo con sus propias manos. Sin embargo, sorprendentemente, Roberto no mostró tanta resistencia en reconciliarse con él. Al menos su padre lo había recibido en su casa y, con todo y sus tremendas limitaciones, lo había cuidado. Además, era capaz de admitir sus errores.

Cuando tocamos el tema de su madre, Roberto no tenía otra cosa que reproches hacia ella. A la fecha, visitarla implicaba salir herido por sus filosos y degradantes comentarios de desaprobación.

Él anhelaba, en secreto, que su madre le mostrara cariño. No obstante, desde su profundo dolor empeoraba la situación con reclamos y críticas hacia ella, lo que realimentaba el círculo vicioso.

- Ya vimos que la necesidad de sentirte aceptado por tu madre te lleva a buscar mujeres no disponibles emocionalmente y a soportar actitudes que te hieren profundamente– comenté.

- Sí, entiendo lo que me dices, pero la verdad es que ya tampoco a mí me interesa que mi madre me acepte –dijo.

- Dices que no te interesa, sin embargo, escucho dolor en tu voz. Me parece que necesitamos reparar el vínculo con tu madre. No necesitas que te acepte, necesitas tú aceptarla a ella –indiqué.

- Pero es que no quiero. No es justo. No se lo merece. Cada vez que la veo me dice algo que me lastima. No me nace, ni siquiera, darle un abrazo. Es que es "bien culera" – contestó aparentando indiferencia, pero con una voz matizada de ira y dolor.

- Pues sí, pero por no restaurar el vínculo con la "vieja culera" de tu madre, te buscas "viejas culeras" de esposas- insistí.

Restaurar el vínculo con los padres.

No a todos nos va igual en la feria. Hay quienes tienen padres muy amorosos y otros tienen que enfrentar distintos grados de desinterés, descuido, rechazo o maltrato. Para algunos será más fácil superar ciertas cosas y, para otros, les tomará más tiempo y esfuerzo sanar las heridas.

Cuando la problemática generada en tu infancia implica un alto grado de intensidad emocional, aunque no te percates de la relación que tiene con los problemas con tu pareja, las consecuencias serán evidentes.

La comparativa de las frases: "Te quiero porque te necesito" y "Te quiero, pero también sin ti sería feliz" puede parecer algo simplista. Pero justamente estar con alguien por decisión y no por necesidad es una diferencia importante para que una relación sea o no saludable. En el sentido estricto de lo que implica ser un adulto, autónomo y diferenciado de los padres, no necesitamos de estos ni de ninguna otra persona en particular.

No es lo mismo estar con alguien por decisión que estar porque no se considera posible otra cosa. La primera es una opción, se elige entre otras alternativas. La segunda es un apego, una restricción, que en el caso de un adulto opera bajo la creencia de que no existen otras posibilidades.

Si te hace sufrir, aunque lo razones y te convenzas de que no es para tanto, necesitas abrir los ojos y mirar con más atención. Hay personas que pueden llegar a mantenerse en una relación insatisfactoria por muchos años sin darse cuenta del enorme precio que pagan, que termina siendo más alto que asumir el dolor y encontrar un sentido a lo que les tocó vivir en la infancia. En términos coloquiales diríamos que les sale "más caro el caldo que las albóndigas".

Mientras no soluciones la implicación con tu historia, seguirás atascado en una dinámica relacional en la que no te será posible darte cuenta de cómo contribuyes a esos problemas, no podrás ver cuál es tu parte ni qué cosas haces para empeorar la situación.

Reitero, amar a los padres no significa desprotegerse de ellos si es necesario. Como adultos tenemos la capacidad y la responsabilidad de cuidar nuestra salud física, mental, emocional y social. Esto incluye establecer límites donde corresponde, de manera que podamos actuar sin que nuestra integridad o nuestra vida se vean amenazadas. Es cierto, hay personas que vivieron cosas muy difíciles con sus padres y necesitan tomar distancia. Pero, una vez a salvo, lo que toca es poner las cosas en su lugar y restaurar el vínculo, sea como sea que hayan sido.

Estar en paz con los padres es imprescindible para una vida plena. Y no es necesario verles o hablarles para lograrlo. Si el no tener paz con tu origen pudiera no ser suficiente, entonces reconocer que esa herida te ocasiona problemas con tu pareja pueda ser la inquietud suficiente para que decidas emprender el camino hacia una solución.

Si eres adoptado, tienes padres de vida y padres de crianza. Existen un hombre y una mujer a quienes les debes el haber venido a este mundo, sean cuales fueran las circunstancias. Y tienes la gran fortuna de tener un par de ángeles que resguardaron tu vida con sus cuidados y atenciones. Si, además, recibiste amor, eres doblemente afortunado. Tus padres de crianza no habrían podido criarte si tus padres de vida no te hubieran procreado.

Si creciste con un padrastro que te cuidó desde pequeño, él te dio los cuidados y tu padre te dio la vida. Si tuviste una madrastra, es la misma situación, ella te brindó atenciones y tu madre te regaló la vida.

¿Quieres solucionar los problemas con tu pareja? Arregla primero tus asuntos con tus padres. Al César, lo que es del César. Separa lo que le corresponde a uno de lo que le toca al otro. Si logras acomodar los pendientes con tus padres, tendrás más claridad para distinguir qué necesita arreglo en tu relación de pareja y te será más fácil solucionarlo.

Si no te fue tan mal ¡qué bueno por ti! Te será más fácil restaurar el movimiento amoroso interrumpido porque dicha interrupción será tal vez mínima. Si tus padres fueron buenos, solo habrá que revisar qué anhelo formulaste con aquello que no fue tal como te hubiera gustado. Como nadie es perfecto, y nadie tiene por qué responder a nuestras exigencias, es común que haya lugar para la creencia de que pudo haber sido mejor.

Primer paso: reconocer la queja e identificar el anhelo infantil.

Junto con la queja, va un anhelo. Es decir, solo puedes inconformarte de algo cuando tienes una expectativa de lo que debió ser. Así que lo primero es sincerarnos con nosotros mismos e identificar aquello que hubiéramos querido que fuese diferente.
El riesgo al no hacerlo es inconscientemente esperar que la pareja llene ese hueco. Puesto que la necesidad surgió en la infancia, con los propios padres, ésta no puede ser cubierta por otra persona.

En esta ceguera en la que no distinguimos que el otro no es de quien realmente deseamos recibir lo que creemos que nos falta, podemos entramparnos en un callejón sin salida. Ya que, como nuestra carencia surgió en la infancia y de quien no recibimos aquello que nos hubiera gustado recibir es de uno de nuestros padres, cualquier intento de nuestra pareja por cubrir esa necesidad insatisfecha será como un barril sin fondo, un camino sin final. "¿Por qué no logramos superar ese dolor? "... Un afecto no sustituye a otro, como una persona no puede sustituir a otra en nuestro corazón". (Garriga, 2009, p. 41). La persona de reemplazo jamás podrá llenar ese hueco. No le corresponde.

Por lo tanto, el primer paso es identificar qué fue lo que te hirió y qué te hizo falta, qué pensabas en aquel tiempo y cómo te ha hecho sentir eso. Si no lo tienes muy claro, puedes hacer una lista de las quejas para expresar tu enojo y tu dolor hasta ubicar qué es lo que te dejó huella. La pregunta clave es ¿qué necesitaste que papá o mamá te dijera, te diera o hiciera por ti?

Segundo paso: renunciar al anhelo.

Hay una verdad indiscutible. No podemos volver el tiempo atrás. El pasado ya no existe y, recordando al maestro Oogwey en la película del Kung Fu Panda: "El ayer es historia, el mañana es un misterio, pero el hoy es un obsequio, por eso se llama presente".

De hecho, tampoco la necesidad puede ser ya cubierta por el padre o madre en cuestión, pues la herida quedó enmarcada en la infancia. Fue en la niñez que necesitaste aquello, y ahora como adulto realmente no lo necesitas, sólo queda el anhelo infantil que inconscientemente has buscado satisfacer. "Lo que nos cura es abrazar en nuestro corazón a nuestros padres y no tanto ser abrazados por ellos" (Garriga, 2009, p. 34). Es decir, no importa tanto si nuestros padres son imperfectos, distantes, fríos, abusivos o hasta crueles con nosotros, lo que importa es que seamos capaces de restaurar el vínculo en nuestro corazón. ¿Recuerdas a Mérida en Valiente, de Disney? Su madre dejó de ser una bestia solo hasta el momento en que ella pudo amarla sin pretender cambiarla.

Eso que esperábamos, no llegó. Tal vez, para algunos o para muchos, nunca llegará. Lo que no obtuvimos de nuestros padres cuando éramos niños, que deseábamos recibir en nuestra condición como tales, aún si llegase en algún momento, no sería en el pasado, cuando lo necesitábamos. Ahora, como adultos, ya no es una necesidad.

Podemos morir esperando se cumpla nuestro deseo. ¿Cuántos años puede alguien guardar resentimiento a alguno de sus padres por no haberle dado el suficiente amor, o el adecuado? Tantos como se aferre a la idea de lo que debió haber sido.

Garriga (2011) nos dice que el dolor es sólo eso: dolor, y que todo lo que hacemos para evitarlo convierte nuestro dolor en sufrimiento. Esa es precisamente la trampa del sufrimiento evitable, en la cual, en aras de huir del dolor llevamos a cabo una inagotable cantidad de estrategias y caemos en las arenas movedizas, el esfuerzo nos lleva a un resultado contrario al deseado.

Para poder renunciar a algo, primero tenemos que admitir que lo deseamos. Luego necesitamos aceptar la realidad y entrar de lleno al dolor de no tener aquello. Después, el ingrediente indispensable es la renuncia. La falta de dimisión lleva a muchas personas a mantenerse atoradas en un duelo sin resolver, porque no pueden soltar sus expectativas frustradas, por más que la realidad les golpea una y otra vez al no darles lo que quieren.

Una vez que estás en posición de ver con claridad la relación que tiene tu anhelo infantil frustrado y las expectativas hacia tu pareja, y de que ya no existe la posibilidad de que recibas en el pasado lo que esperabas, entonces puedes iniciar el camino con la renuncia. "(…) el primer paso es rendirse ante la realidad difícil para poder transformarla, (…)". (Garriga, 2011, p. 134). Necesitas liberarte de la creencia de que, para ser feliz, las cosas debieron haber sido de determinada manera.

¿Cuántos años has esperado eso de tu padre o madre? ¿Cuánto más quieres seguir esperando? ¿Qué consecuencias te ha traído el aferrarte a la esperanza de que papá o mamá podrían haberlo hecho mejor? ¿Es tan importante que sin ello no podrías vivir? Y, sin embargo, ¡así has vivido todos estos años! ¿Cómo renuncias al deseo de lo que no llegó? Es muy sencillo, pero no es fácil: dejar de esperarlo. Suelta el anhelo para liberarte.

Tercer paso: contextualizar la infancia y trayectoria de los padres.

Para Roberto era tan doloroso el rechazo que sintió por parte de su madre que se centraba en lo cruel que fue su trato. Y tenía razón, ella se había comportado como si lo despreciara. ¿Puedes imaginarte cómo debió sentirse Roberto durante prácticamente toda su vida? ¿Cómo debió sentirse cuando su madre mostraba actitudes de desprecio hacia él? Debió ser sumamente doloroso. Sin embargo, la vivencia de Roberto es solo una parte de la historia familiar, y quedarse ahí no le ayudaba, necesitaba poder mirar con mayor perspectiva, hasta identificar qué factores llevaron a su madre a ser así. No se trata de justificar a los padres, sino comprender su trayectoria para no quedarnos lamentándonos como víctimas.

Helen, la abuela materna, era muy joven cuando se enamoró de un amigo de la familia, que era casado. Cuando quedó embarazada, la bisabuela de Roberto se hizo cargo de la crianza de

Georgina, a quien registraron como hija de la hermana mayor de Helen, la única tía casada, para ocultar "la vergüenza" y mantener el secreto. De esta manera, le fue robada la posibilidad de conocer quiénes eran sus verdaderos padres. Georgina creció maltratada por sus tíos, quien pretendían ser sus hermanos. En la adolescencia, cuando supo que Helen era su madre, se fue a vivir con ella, pero nunca le revelaron quién era su padre. Creció sintiéndose rechazada por sus padres, no solo no fue sido reconocida por ellos, sino que vivió una farsa que giró alrededor de un hecho vergonzoso: su nacimiento, la evidencia del pecado.

Georgina hizo con su hijo lo que ella había aprendido en su familia: rechazarlo. Es algo que ella nunca superó y que, también a él le resultaba bastante difícil. La ira era la punta del iceberg, su protección para no sentir el profundo dolor de que su madre no lo quisiera como a él le hubiera gustado, como prácticamente cualquier persona desearía sentirse amada por sus padres.

Restaurar el vínculo con nuestros padres implica desistir de la idea de cambiarles. Intentar cambiar a alguien, en particular a los padres, es una tarea de inicio fallida (Lerner, 1985). ¿Cómo soltar la pretensión de cambiarles? Es menester comprender las circunstancias que encuadraron la vida del padre o la madre y que influyeron en su desarrollo, la historia familiar y personal que a este le marcó.

Imaginar cómo fue su infancia es una técnica útil para comprender cómo es que fueron de tal o cual manera, y poder mirar desde una perspectiva más amplia que el simple deseo egoísta e infantil de que hubieran sido exactamente como nos habría gustado.

Cierra tus ojos e imagina que realizas un viaje al pasado, a la infancia de tu papá o tu mamá. Observa con detenimiento las imágenes que te vienen a la mente. Supongamos que puedes ver al niño o niña que fue y saber exactamente cómo se sentía. ¿Cómo fue su vida? ¿Qué eventos importantes ocurrieron en su niñez? ¿Cómo era el trato que recibía de tus abuelos? ¿Qué le faltó? ¿Qué circunstancias difíciles le tocó vivir? ¿Cómo aprendió a reaccionar a ellas o enfrentarlas? ¿Qué le marcó para convertirse en el padre o la madre que ha sido contigo?

Cuando no conocemos qué fuerzas modelaron las vidas de nuestros padres para que ellos moldearan las nuestras, no podemos conocernos realmente a nosotros mismos (Lerner, 1985). Por eso es importante conocer nuestra historia, nuestras raíces, o estaremos prestos a reaccionar con intensidad a todo tipo de situaciones, culpando a otros, distanciándonos, o complaciendo, y manteniéndonos en ciclos viciosos en nuestras relaciones.

Cuarto paso: rescatar lo positivo y resignificar lo negativo.

No podemos ignorar lo que pasó. "(…) la intensidad generada en una relación familiar importante no desaparece cuando la manejamos mediante la distancia y la separación. Se limita a pasar a la clandestinidad". (Lerner, 1991, p.120). No podemos eliminarlo de nuestra historia. Pero podemos superar ese dolor, darle sentido y construir sobre sus cimientos.

Sergio X. Vázquez preguntaba: "¿Qué te dio con lo que no te dio?" invitando a mirar más allá de la envoltura desagradable para encontrar el dulce regalo escondido. Afirmaba que "Dios escribe derecho sobre renglones torcidos" y nos da justamente a los padres que necesitamos para desarrollar ciertos recursos. Un hijo puede reconocer que, gracias a que su padre fue demasiado estricto, él desarrolló la capacidad de ser empático con los demás. O que, gracias a que le tenía miedo a su padre, aprendió a calibrar a las personas y detectar señales por pequeñas que fueran. Una hija puede descubrir que, si su madre hubiera sido tan protectora como ella deseaba, no habría aprendido a ser tan independiente. Otra puede distinguir la madurez que le brindó haber tenido que convivir con su padre alcohólico.

El cambio en Roberto fue notable cuando por fin Roberto pudo pasar de la ira al dolor y quebró en llanto, y luego de varias sesiones de terapia exclamó: "Me duele porque yo sí la quiero". A partir de ahí, la restauración del movimiento amoroso interrumpido fue más sencilla y fluída. Y ello facilitó que estableciera límites más claros y contundentes con su expareja.

No se trata de negar o minimizar lo que viviste. Tampoco se trata de perdonar a tus padres, eso sería pretender ser mejor que ellos. "Los seres humanos mantenemos la libertad de elegir nuestra actitud en todo momento, incluso en las peores circunstancias." (Garriga, 2011, p. 86). Podemos capitalizar lo vivido y enriquecernos con ello.

Precisamente el navegante que ha surcado los mares en medio de grandes tormentas está más capacitado para navegar que un marinero que nunca se ha alejado de la costa. El primero ha tenido la oportunidad de aprender estrategias que el segundo todavía ignora.

Quinto paso: apreciar y agradecer.

Ruth compartió en clase, con profundo dolor, que su padre no conocía otra forma de expresar amor más que a través de darle dinero, que tenía la equivocada idea de que con pagarle la universidad y proveer para su alimentación además de otras cosas materiales era suficiente. Estaba dolida porque anhelaba su presencia, quería compartir con él tiempo de calidad y, más que nada, deseaba un abrazo suyo.

Se me ocurrió hacer un pequeño juego con dos marcadores que tenía a la mano, uno azul y otro negro. Dejé uno sobre el escritorio, y le pedí que hiciera como si ella me regalara el otro. Ella extendió su mano para ofrecerme el marcador azul, y borró su sonrisa con sorpresa cuando la dejé con la mano estirada y, en actitud de berrinche, me quejé porque ese no era el que yo quería. Comencé a insistir en que el azul no era lo suficientemente bueno, que a mí me gustaba el negro… no hubo necesidad de explicar qué representaba cada marcador, rápidamente comprendió la analogía y comenzó a llorar. Después de preguntar qué pudo haber vivido ese hombre en su infancia para haberse convertido en el tipo de padre que era, Ruth concluyó que éste aprendió a ser fuerte a través de no expresar sus sentimientos con cercanía física o gestos corporales.

- Por estar esperando que tu papá te regale el marcador negro, no tomas ni disfrutas el azul, que es el único que él te puede dar y, como dijiste antes, es su manera de dar amor, así te está mostrando que te quiere.

Ruth comenzó a considerar ese dinero como una muestra de amor de su padre. Él velaba por sus necesidades. Pagar por su alimentación y su educación era una forma de protegerla. Se sintió cuidada y amada.

El tiempo y el dinero nos indican qué es lo que consideramos más importante en nuestras vidas. ¿En quién inviertes tu tiempo y tu capital? Los problemas con las herencias no surgen solamente por lo material, sino también porque quien recibe se siente amado por ese otro que se fue, y quien queda fuera o recibe poco lo traduce como una señal de desamor.

Tu tarea es descubrir todas esas cosas que has recibido de tus padres, por mínimas que sean. Por insignificante que a veces parezca, si lo piensas bien, lo encuentras. Siempre hay algo bueno qué agradecer. Basta que miremos con suficiente atención, lo reconozcamos con humildad y lo valoremos para sentirnos afortunados hasta que surja un genuino agradecimiento desde el fondo de nuestro corazón. Y no se me ocurre regalo más grande que la vida misma, la cual tenemos gracias a dos seres, nuestros padres.

Si tu padre y tu madre no hubieran hecho lo que hicieron, si no hubieran sorteado obstáculos y no hubieran llegado hasta el momento en que te transmitieron la vida, simplemente no existirías. Si no hubieras nacido, no habrías tenido la oportunidad de experimentar tantas cosas maravillosas que seguramente has podido disfrutar. Y es un paquete completo. No podemos pretender tomar lo bueno y desechar lo no tan bueno, vienen juntos. Para deleitarse con una rosa, es necesario aceptar también sus espinas.

Piensa en cada cosa que has recibido justamente de papá o mamá, según haya sido con quien tuviste la mayor carencia. Haz una lista de lo que te ha dado, no te limites anotando sólo las cosas grandes o importantes, a menos que sólo te haya dado la vida y nada más. Si además de la vida, te dio algo extra, reconócelo, desde una palabra amable, un día de su presencia, un mes o un año completo de compañía cuando eras bebé, trabajó para darte comida, te preparó la comida, te cambió un pañal, etc. Cualquier cosa que haya hecho por ti además de darte la vida ya es ganancia.

La gratitud es la puerta de la abundancia. Las personas más felices son las más agradecidas (Garriga, 2014, p. 98). Las personas que sienten agradecimiento por cuanto llega a su vida parecen gozar de un manto protector que les cobija con más bendiciones.

Para descargar una guía de apoyo para restaurar el vínculo con los padres a través la elaboración de una carta, visítame en mis redes sociales *@raquelvidald* o en mi página web www.raquelvidald.com y solicítala.

Cómo cambiar una lealtad limitante por una nutricia.

Si en el capítulo cuatro encontraste algunas lealtades que te unen a tu familia, pero te obstaculizan para alcanzar tus metas, puedes ahora retomar tu lista para trabajar en ello.

Como ya vimos, la función de una lealtad es asegurar nuestra pertenencia al sistema familiar. Por eso es que pensamos igual o actuamos como otros en nuestra familia. A través de este mecanismo sentimos que formamos parte, es nuestro cordón de unión. Por lo tanto, no podemos luchar contra una lealtad porque sería una batalla perdida. Imagina a un astronauta en el espacio que sale de su nave y se mantiene unido a ella a través de una cuerda. ¿Crees que en su sano juicio sería capaz de cortar el único lazo que tiene con la nave?

Absolutamente no. En ello le va la vida. De manera similar, inconscientemente creemos que en la pertenencia a nuestra familia nos va la vida.

Lo que sí podemos hacer es sustituir una lealtad por otra. Cambiar nuestra atención de una lealtad nociva o limitante hacia una lealtad nutricia o permisiva. Las lealtades inconscientes son invisibles, no las notamos. Las repetimos automáticamente, sin pensarlo. Cuando somos capaces de poner nuestra atención en ellas, se vuelven visibles, evidentes.

Piensa en una lealtad limitante y analiza cuál es la lealtad nutricia que te gustaría desarrollar en su lugar. Tomemos, por ejemplo, el ser temeroso. Tal como tu madre que no pone límites a tu padre, tu tío Joaquín que nunca tuvo un trabajo estable y tu abuela que se sintió sola cuando murió el abuelo.

Cierra tus ojos e imagina que depositas en las manos de esos familiares un objeto que represente esa lealtad limitante. Explica cómo llevaste ese rasgo a tu vida, qué hiciste, qué problemas te ocasionó y tu decisión de regresarles su pertenencia. Agradece a tu familia el que tengan varias características de dónde puedes ahora escoger la que te sea más útil. Siempre hay alguien en la familia que tiene alguna cualidad que también quieres tener. Elige una nueva lealtad que te ayude a ser feliz.

Si continuamos con el ejemplo anterior podríamos decir que ahora escoges la fortaleza de la abuela para sacar a cinco hijos adelante, del tío Pedro que formó una empresa exitosa, y de la tía Alicia que ha viajado por todo el mundo. Imagina que tomas de sus manos un objeto diferente que simboliza el rasgo que quieres desarrollar. Puedes utilizar un objeto real que represente el nuevo don. Especifíca qué eliges ahora y de qué manera te mantendrá unida a ellos. Agradece el nuevo regalo. Consérvalo contigo de manera que puedas verlo con frecuencia y recordar lo que simboliza. Para cambiar una lealtad no basta con imaginar que la cambiaste, ese es tan sólo el principio. Es necesario practicarla una y otra vez hasta que se vuelva costumbre y sea parte de ti.

Cómo gestionar el Síndrome de Aniversario.

Judith, quien perdió a su madre y a su hermana menor en fechas cercanas a la Navidad, necesitaba redirigir su atención hacia algo agradable instaurando la imagen de un recuerdo bonito asociado a esas fechas para disminuir las posibilidades de repetir la cadena trágica genealógica. Celebraría su cumpleaños preparando las enchiladas que tanto le gustaban a su madre, soplando velitas en un pastel de chocolate como le gustaba a su hermana, y disfrutaría de su bebida favorita con su pareja. Festejaría su cumpleaños honrando la memoria de sus familiares y siendo feliz, como ellas seguramente hubieran querido verla.

Para poder lidiar con el Síndrome de Aniversario primero necesitamos reconocerlo. Analizar los hechos importantes y las repeticiones para poder identificar las fechas en las que necesitamos estar alertas y actuar de manera preventiva. Puedes elaborar y revisar tu genograma. Sabiendo que estarás más sensible podrás tomar a tiempo las medidas necesarias.

Cómo gestionar el Síndrome del Fantasma.

Llevar el nombre de un familiar anterior no necesariamente implica que tendrás el Síndrome del fantasma. Si no tienes problemas ¿para qué escarbar y buscarle tres pies al gato? Pero si esta es tu situación y te está afectando, entonces puedes resolverlo. Hay quien se ha cambiado el nombre legalmente o ha pedido a la familia que lo llamen diferente; es una opción, pero realmente no necesitas ser tan drástico. Puedes realizar un ritual en el que devuelves a tu familiar todo aquello que no te corresponde y agradeces llevar únicamente su nombre, explicando cuáles son las diferencias y qué cualidades te distinguen y te hacen único.

Cómo solucionar una identificación transgeneracional.

Si te has identificado con alguien, la respuesta es desidentificarte, es decir, respetar el destino de esa persona sin pretender inmiscuirte para salvarle, aminorar su culpa o apaciguar su dolor.

Manuel Contreras hace a sus pacientes cargar con una piedra durante una semana o más, deben llevarla en sus manos dondequiera que vayan. El dolor físico vence hasta los más aguantadores, que terminan por reconocer la relación entre esa piedra y la pesada carga de aquello que, por amor, van cargando sin que les corresponda.

Cierra tus ojos, imagina que miras a ese ser querido y le dices lo mucho que te importa y te duele lo que le ocurrió. Expláyate en darle detalles acerca de las cosas que has hecho para mantener una conexión y darle un lugar en tu vida. Imagina su mirada ¿qué crees que te expresaría con esa mirada? ¿Crees que estaría de acuerdo en que te sacrifiques y dupliques la tragedia para acompañarle en su dolor? ¿O desearía que te vaya bien y seas feliz? Ahora imagina que le dices que por amor te has conectado con él/ella a través del sufrimiento. Identifica cuáles son las acciones que has llevado a cabo para, simbólicamente, cargar el peso de lo que le tocó vivir. Imagina que le regresas lo que le toca, a manera de ritual, honrando su destino. Imagina su sonrisa al ver que te liberas de una carga que no es tuya, como si en esa expresión te diera su bendición para seguir tu propio camino. Piensa en cómo, de ahora en adelante, en su honor disfrutarás cada día de tu vida. Cuéntale con lujo de detalle qué cosas harás para ser feliz y comprométete a cumplirlas.

Los cuentos.

A continuación, leerás algunos cuentos que se me han ocurrido al trabajar con mis pacientes para ayudarles a solucionar una identificación transgeneracional. Las metáforas tienen la magia de entrar por la emoción librando las resistencias hasta llegar al entendimiento. Podemos adaptar la historia del protagonista a nuestra vida de manera que casi sin darnos cuenta nos apropiamos de ella.

Si descubriste a lo largo de la lectura, que has intentado sacrificarte, tal vez has descubierto que intentabas sacrificarte por proteger o salvar a alguno de tus padres, puedes leer el cuento del elefante. Si tu problema es que te afecta que uno de tus padres o abuelos haya sufrido demasido y te cuesta ser feliz porque él o ella no pudo serlo, te recomiendo leer el cuento de las carreras de relevos. Si un hermano o hermana tuyo murió prematuramente, y descubres que te sacrificas muriendo al amor o al éxito, lee con atención el cuento del sorteo.

Te invito a que leas cada uno de estos cuentos con detenimiento, imaginando cada escena y permitiendo que genere cualquier sensación o sentimiento que pudiera surgir en ti. Cada historia es un viaje donde tu mente será el vehículo.

El elefante.

Un elefantito alegre y juguetón paseaba con su madre explorando el territorio. Gozaba de estos paseos al lado de ella porque vivía grandes aventuras, descubriendo lugares y criaturas nuevas. Esta vez habían recorrido una gran distancia lejos de casa y el elefantito estaba maravillado con lo inusual que le resultaba el lugar. No había muchas plantas, más bien se trataba de una extensión árida y polvorienta. Sin embargo, no dejaba de ser un lugar nuevo. Con la vista al suelo, el infante buscaba insectos para hacer amigos. La elefanta, orgullosa de su retoño, cuidaba cada uno de los pasos de éste.

De pronto, la corpulenta madre resbaló a la orilla de un precipicio, cayó y quedó sostenida por un pequeño árbol que asomaba por la pared de roca a un par de metros hacia abajo. El crujir de las ramas del debilucho árbol anticipaba la caída de la elefanta. El corazón del elefantito latía a toda velocidad en señal de alarma. El miedo invadió todo su cuerpo. Su madre estaba en peligro y el mundo entero se había detenido unos segundos ante sus ojos.

- ¿Y si ella cae? ¿Qué pasaría si la perdiera?

El pequeño se desesperó al verse solo en aquel lugar. No había a la vista ningún otro animal que pudiera venir al recate. Gritó de impotencia. Se acercó a la orilla y estiró su diminuta trompa intentando alcanzar la de su madre para entrelazarla con la suya. Pensó que podría jalar con toda su fuerza para sacarla de ahí y rescatarla…

La madre elefanta, instintivamente, estiró su trompa para ser rescatada. Unos segundos después, sus ojos adquirieron un brillo muy especial al tiempo que, lentamente, la bajó, cambiando de parecer. No quitaba la mirada que había depositado amorosamente en su hijo. Lo miró con el inmenso amor que como madre era capaz de sentir. Y con una cálida sonrisa se despidió.

Si intentas salvar a mamá caerás con ella. Por más duro que sea verla caer, necesitas resistir la tentación. La mejor manera de honrarle es vivir feliz. Es lo que todo padre desea para sus hijos.

La ropa.

Imagina que quieres regalar una prenda de ropa a alguien muy especial para ti. Detente un momento y piensa ¿quién sería? ¿Por qué es tan especial esa persona? ¿Qué prenda de ropa le regalarías? ¿Por qué se te ocurrió regalarle eso? Piensa en la talla, imagina el diseño, el color, etcétera. Haz una pausa aquí. Para de leer y retoma la lectura sólo hasta que tengas en tu mente una imagen clara de lo que te gustaría regalarle. Fantasea con cada detalle del obsequio que simbolizará tus sentimientos hacia esa persona. Supongamos que eliges con atención hasta la envoltura. ¡Tiene que ser muy especial!

Llegado el momento, extiendes tus manos y ofreces el regalo. Esa persona retira la envoltura, toma la prenda y desinteresadamente la pone a un lado. Vuelve la mirada a ti, te da las gracias con una voz plana y sigue en lo que estaba antes de que le dieras el obsequio. Pasan los días y no ves que estrene tu regalo. Corre el tiempo y te convences de que nunca lo usará. ¿Cómo te hace sentir eso?

Ahora imagina que, en lugar de haber ocurrido esa escena, al momento de que extiendes tus manos y ofreces el regalo, esa persona te mira gratamente sorprendida. Retira la envoltura, toma la prenda y la sostiene en el aire dibujando una gran sonrisa. Emocionada, te dice "¡gracias!" y se la pone de inmediato. Pasan los días y ves que la usa con demasiada frecuencia. No la suelta. Casi podrías pensar que apenas la lava, se la vuelve a poner. ¿Cómo te hace sentir eso?

El mejor regalo que te han dado en la vida es la vida misma. Es lo más grande y más maravilloso que puede recibir alguien. Ese obsequio te llegó a través de dos personas. Imagina a tus padres extendiendo las manos, orgullosos, esperando que la uses y la disfrutes. No importa que la desgastes, o que se ensucie un poco, siempre y cuando la uses y la aproveches al máximo. Es su mayor deseo.

La carrera de relevos.

Había llegado el momento que el equipo de atletismo había estado esperando. Nancy, Zoé, Lisa y Linda se habían preparado para este día durante años. Habían dado su máximo esfuerzo y dedicación entrenando cuatro horas diariamente y alimentándose tal como su nutrióloga les había indicado para mantener un cuerpo atlético y saludable. Mantenían un horario estricto para dormir, tomar sus alimentos, etc. y no había tiempo para ir a fiestas nocturnas o desvelarse viendo televisión. Eran atletas de corazón, correr era su pasión.

Recordaban las respiraciones con visualizaciones que su psicólogo les había enseñado, en su mente habían repasado la competencia completa, desde el instante en que la primera compañera esperaría en su posición al toque de salida, la adrenalina al salir corriendo, el pase de estafeta a la compañera que la relevaría, la salida de ésta a toda velocidad para entregar nuevamente la estafeta… hasta que la cuarta compañera cruzara la línea de meta para ganar la carrera. Se veían triunfadoras llegando las primeras y portando, cada una, colgada al cuello una medalla de oro.

No era una carrera clásica en pista, sino una carrera mucho más larga, en las calles. Estaban todas en sus posiciones. El público parecía haber contenido la respiración en un silencio prolongado, aguardando el sonido de la chicharra de salida. Las atletas no escuchaban los gritos ni distinguían voces, el barullo se esfumaba y se perdía entre su propia respiración y el latir acelerado de su corazón. Sonó la chicharra y con un fuerte impulso salieron las competidoras responsables de iniciar la carrera. El público se volcó en gritos de emoción y se podían escuchar algunas porras. Nancy corría a toda velocidad y rápidamente sacó ventaja a las competidoras del resto de los equipos.

La mirada de cada competidora que no es responsable de iniciar la carrera está siempre puesta en la compañera que le entregará la estafeta. En este caso, el largo tramo entre una y otra no les permitía verse hasta que la distancia era corta. Así que mantenían la mirada en el punto más alejado del camino esperando ver a su compañera aparecer en cualquier momento.

Inesperadamente, un fuerte dolor en el tobillo derecho obligó a Nancy a levantar el pie en un intento por mantenerlo en el aire para que el contacto con el suelo no le causara más dolor. El cuerpo es sabio y envía señales para protegerse y evitar un daño mayor. Los paramédicos corrieron con una camilla para asistirla, pero ella les hizo ver que no estaba dispuesta a dejar la competencia. Las participantes de los demás equipos continuaron corriendo y la dejaron atrás. Dando brincos con el pie izquierdo, Nancy continuó su camino intentando impulsarse con fuerza para que cada salto cubriera mayor distancia. Así iba, dando saltitos mientras el dolor en el tobillo aumentaba.

Cuando ya no pudo seguir saltando se tiró al suelo. El público escandalizado pedía a gritos que se detuviera. Los paramédicos seguían alerta para atenderla en el momento en que ella por fin lo aceptara. Pero Nancy no quería dejar la carrera. Por una parte, sabía que sus tres compañeras contaban con ella y esperaban en sus posiciones, y por otra, correr era su vida. Esta carrera en particular era algo con lo que siempre había soñado, no iba a abandonar su sueño, así tuviera que arrastrarse para lograrlo.

Nancy continuó a gatas, el pavimento caliente hacía arder la piel de sus rodillas que poco a poco se fue abriendo debido a la fricción con las diminutas piedras del asfalto. Sus manos parecían soportar un poco mejor la carga, pero aun así también le dolían. Sin embargo, ni el dolor de las manos raspadas, ni las rodillas sangrantes o el tobillo esguinzado lograban detener el empuje y la determinación de esta mujer que, pese a la adversidad, continuaba avanzando.

Zoé esperaba impaciente en su puesto. Las demás competidoras habían intercambiado estafetas. Había visto a sus pares correr y perderse en la distancia. Para estos momentos todos los equipos deberían haber cruzado la meta, excepto el suyo. ¿En dónde estaba Nancy? Escuchó comentarios acerca de una corredora lesionada que con dificultad se mantenía en la competencia. Le pasaron muchas cosas por la mente.

Los atletas de alto rendimiento que pertenecen a un equipo suelen formar fuertes lazos de amistad. Conviven diariamente por largas horas y, por temporadas se aíslan de su entorno cotidiano para concentrarse en los entrenamientos, comen juntos, comparten dormitorio, y su vida gira en torno a una meta en común: dar su mejor esfuerzo para ayudar al equipo a ganar.

La silueta de Nancy apareció a lo lejos. Las lágrimas inundaron los ojos de Zoé que no podía dar crédito a lo que veía. La escena era para ella completamente desgarradora. Le partió el corazón ver a Nancy a gatas, con las rodillas cubiertas de sangre dejando un rastro de manchas rojas a su paso. Podía imaginarse el gran dolor de su amiga ¿cuánto tiempo habría avanzado en esas condiciones? ¿Cuánto dolor debía estar sintiendo? ¡¿Por qué le tuvo que ocurrir eso?! Se sintió paralizada, el pecho se le oprimía y tenía un nudo en la garganta.

Conforme Nancy se acercaba, adolorida, mugrosa, ensangrentada y sudando, Zoé sentía que su pecho se apretaba todavía más. Pensó en quedarse ahí para acompañarla, no quería dejarla sola con su dolor. No era capaz de abandonarla en un momento tan difícil. Debía ser decepcionante para ella no haber podido correr bien la carrera y haber tenido que pasar por esa situación. Dicen que las penas compartidas son penas disminuidas, así que ansiaba poder ayudar a su amiga a sentirse mejor.

Zoé había decidido quedarse en ese punto y abandonar la carrera para acompañar a su amiga. Cuando Nancy estaba a escasos metros, levantó la mirada y la clavó fijamente en su compañera. Un potente escalofrío seguido de una ola de calor recorrió cada rincón del cuerpo de Zoé. Se imaginó la decepción y la tristeza que sería para Nan ver que su sacrificio era tomado en vano y arrojado al basurero de lo inservible.

Sintió vergüenza de sí misma y se encogió de hombros. Mantuvieron contacto visual, mientras Nancy se acercaba esbozando una ligera sonrisa de satisfacción por el logro obtenido tras un doloroso y titánico desafío. Fue justo esa leve pero poderosa sonrisa lo que impulsó a Zoé a tomar rápidamente la estafeta y salir a toda velocidad, como si su ánimo en correr su tramo de la carrera fuera un homenaje.

Corrió lo más rápido que pudo. No había corrido así en toda su vida. Imaginaba a su amiga mirándola orgullosa y sentía que más que correr casi podía volar. No le importó ser la única corriendo en la pista, pues las demás competidoras las habían dejado atrás hacía mucho rato. La competencia cobró otro sentido para ella. Si Nancy había sufrido tanto para poder llegar y entregarle la estafeta, no sería ella quien renunciara. Estaba decidida a batir su récord personal y mostrarle cuánto la quería honrando su esfuerzo…

Si tu madre, tu padre, tu abuela, o algún otro familiar, sufrió demasiado y llegó sangrando con la estafeta en mano, detenerte o fracasar en tus proyectos duplicará el sufrimiento y hará que su sacrificio haya sido en vano. Lo mejor que puedes hacer es salir a correr tu propia carrera dando tu mejor esfuerzo, haciendo que lo que vivió haya valido la pena. ¡Vive y disfruta! ¡Haz que valga!

El viaje.

Imagina que en un sorteo del trabajo o de la escuela te ganaste un boleto para ir de viaje. Será un recorrido con guía turística durante tres semanas, todos los gastos estarán cubiertos, transporte, hospedaje, alimentos y pases a las principales atracciones. Si pudieras elegir el lugar de destino ¿a dónde irías? ¿Hay alguna parte del mundo que preferirías? ¿Qué tiene de especial ese lugar? ¿Qué harías estando ahí, qué visitarías, qué fotografías te gustaría tomar, qué comerías?

A cinco días del viaje ya has elegido la maleta donde llevarás tu equipaje, has elegido el calzado que vas a empacar y tienes pensado qué tipo de ropa llevarás de acuerdo al clima y a las actividades que vas a realizar. La emoción es tanta que apenas puedes esperar para estar ahí. Durante la tarde, una repentina fiebre te lleva a consultar al médico y éste te informa que has contraído una enfermedad contagiosa y que debes permanecer en cama durante cuarenta días. ¡No puede ser posible! ¿Y el viaje?

Los patrocinadores del sorteo te aclaran que el boleto no es flexible en cuanto a fechas y que no podrán esperar a que te recuperes. El viaje ha sido programado y tiene un estricto calendario. No obstante, es posible no perder el premio porque asombrosamente te permiten transferirlo a otra persona. ¿A quién se lo obsequiarías? ¿A algún hermano o primo? ¿A un hijo o sobrino?

Le avisas a esa persona especial lo que ha pasado y le dices que le has elegido para que tome el boleto y aproveche el viaje. Te dice que acepta y que hará sus maletas de inmediato. Se llega el día y, aunque no puedes ir a despedirle, le deseas un buen viaje. Como estás en cama y no puedes hacer mucho, el tiempo pasa lento y cuentas las horas para poder hacerle una llamada y enterarte de cómo va todo. No aguantas la espera y ya le has enviado varios mensajes deseándole un viaje seguro, un descanso reparador, etc. Te contesta los mensajes con caritas e intuyes que, entre la diferencia de horario y las distintas actividades, no ha encontrado el tiempo, pero confías en que pronto te responderá.

Han pasado tres días y te mueres por saber cómo ha sido su experiencia paseando por allá y comiendo los deliciosos platillos que tú tan sólo puedes saborear en tu imaginación. Aprovechas que acabas de recibir un mensaje suyo donde te dice que se encuentra bien y le marcas para hablar. Te responde la llamada con una voz algo apagada. Tú, que no cabes en la emoción, le preguntas qué ha hecho en estos días.

- Nada.
- ¡¿Cómo nada?! Cuéntame ¿cómo va todo?
- Bien.
- Háblame de los lugares que has visitado ¿cuál te ha gustado más? ¿Qué has comido?
- No he ido a ningún lugar.
- ¿¿Cómo?? ¿Por qué? ¿Qué pasó? ¿Estás bien?
- Sí, estoy bien. Es sólo que me pesa que tú no hayas podido venir. Tuviste que quedarte en cama y no puedes disfrutar nada de esto. Me he quedado aquí, no he salido de la habitación y he ordenado unos emparedados del menú del hotel. No soy capaz de salir a pasear cuando tú tuviste que quedarte. No puedo. No es justo que yo esté aquí y tú no.
- ¿Queeeeé? ¡No me digas eso! Tú que puedes ¡disfruta el

viaje! Si yo estuviera en tu lugar ya le habría dado "vuelo a la hilacha" y habría llegado con los pies hechos polvo de tanto pasear. Es verdad que yo no estoy ahí, no puedo disfrutar de tantas cosas porque no están a mi alcance, pero tú sí estás, aprovecha el viaje, no desperdicies la oportunidad ¡por favor!

Al día siguiente, recibes en tu teléfono varias fotos de esa persona con una gran sonrisa paseando y visitando lugares interesantes. Con cada foto que te envía casi puedes imaginarte que tú también estás ahí, le acompañas de corazón y te alegra que goce cada instante. Por la noche te llama y te cuenta lo maravilloso que es ese lugar. Con lujo de detalle te va narrando lo que hizo durante el día y va dibujando en tu mente cada escena con meticulosa precisión. Puedes notar lo mucho que ha disfrutado y sientes una gran satisfacción al saber que, aunque tú no fuiste al viaje, esa persona tan especial lo está gozando por ti...

Ahora puedes pensar que esta historia se trata de ese familiar que ya falleció. Tal vez es tu madre, tu padre, tu pareja o un hermano o hermana que no pudo nacer o que murió demasiado pronto. No obtuvo un boleto para el viaje o no pudo continuar viajando. Pero tú sigues aquí, en este viaje que es la vida. ¿Cómo crees que le gustaría verte? ¿Con una profunda tristeza porque te cierras a las posibilidades o con una inmensa satisfacción al verte disfrutar todo?

Cada mañana, al despertar, comprométete a salir de la habitación y aprovechar todas las oportunidades que se te presenten para disfrutar de la vida. Imagina que le haces una promesa a esa persona de gozar el día al máximo, pase lo que pase. Que cada alimento que lleves a tu boca lo vas a saborear al doble, una por ti y otra por él o ella. Cada brisa que sientas acariciar tu piel será una caricia de la naturaleza que sentirás doblemente. Y cada cosa, cada detalle, por pequeño o insignificante que parezca, lo disfrutarás intensamente y aprovecharás en su honor el boleto de viaje de vida que te ha tocado.

El compromiso de usar los dones recibidos.

Hay semillas que caen en tierra fértil y germinan con facilidad teniendo todo para desarrollarse saludablemente. Algunas caen en tierra árida y nacen bajo condiciones complicadas, enfrentando dificultades que las fortalecen. Y hay otras que, pese a caer entre rocas y contra toda adversidad, en medio de una situación precaria, libran obstáculos y se abren camino en una pequeña grieta, contando con tan sólo los mínimos recursos para subsistir.

Así es la vida. Hay condiciones que no podemos cambiar. La oración de la serenidad nos brinda esta valiosa enseñanza: "Dios, concédeme la serenidad para aceptar las cosas que no puedo cambiar, valor para transformar las que sí puedo, y sabiduría para distinguir la diferencia". La semilla no puede elegir en dónde caer, pero da lo mejor de sí para germinar y crecer ahí donde le ha tocado. No podemos escoger a nuestra familia de origen, ni las condiciones ni los eventos que les tocó vivir. El pasado ya pasó.

Justamente es gracias a las características particulares de nuestra familia y de nuestra historia personal, que somos quienes somos. Y podemos fijarnos en lo negativo, lamentarnos y quejarnos como infantes, esperando a que llegue lo que tanto deseamos; o poner atención en lo positivo, sentirnos afortunados y aprovechar lo que tenemos. El viaje es para disfrutarse, no para quedarse en la habitación del hotel.

¿Qué dones has recibido? ¿Qué harás para aprovecharlos? Piensa en acciones concretas. Si generalizas, es probable que se quede en planes inconclusos o buenas intenciones. No es lo mismo "seré más cariñosa con mi mamá" que "hoy en la tarde que la vea, le voy a dar un abrazo". No solamente lo pienses, escríbelo en detalle y házlo.

El propio camino.

Siempre habrá otros peores y otros mejores que tú. Si te comparas con quienes están mejor, corres el riesgo de resentirte por no tener la misma suerte y quedarte estancado o amargarte sin poder disfrutar lo tuyo, pero también puedes tomarlos como inspiración. Si te comparas con quienes están peor, podrías creerte superior y humillarlos, aunque también puedes tomarlos de parámetro para redirigir la mirada hacia ti mismo y sentirte afortunado. Hay quienes han sido menos afortunados que tú y son felices.

Lo mejor es compararte contigo mismo, con quien eras antes y valorar tus logros a corto o largo plazo. Aun cuando parezca que te estancaste o retrocediste, siempre habrá avances que valorar. A veces, podemos ser nuestros peores jueces por ver nuestro vaso medio vacío. No importa si otros han logrado lo mismo que te has propuesto en un tiempo más corto que tú, cada quien tiene su propio ritmo. Alégrate porque eres único, regocíjate en tus propias bendiciones.

Si fijas la mirada atrás no podrás triunfar. Si Zoé intentara correr con la mirada puesta en Nancy, correría el riesgo de caer. Así no puede avanzar, debe mirar hacia adelante. Asimismo, tu atención no puede estar en tu madre enferma, tu padre que se ha quedado solo, o la abuela que tanto sufrió. Necesitas mirar el camino que quieres recorrer, visualizar la meta, imaginar el logro de tus proyectos y esforzarte para conseguirlos disfrutando el trayecto. Ese es tu propio camino, tu viaje personal.

PONIENDO ORDEN

¡MANOS A LA OBRA!

Capítulo 7

LAS SEÑALES

Las señales están por doquier… si abrimos bien los ojos.

¡Mi sapo no se hace príncipe! ¡¿Acaso no se cansa de insistir que cambie?!

Un sábado en primavera nos sentamos sobre el pasto, a mitad de un parque donde había algunos juegos infantiles en la distancia y grandes árboles que proyectaban extensas sombras. No había llovido hacía tiempo y el pasto estaba algo seco. Pero eso no nos detuvo para tener una sesión de psicoterapia.

Connie y Samuel eran pareja y vivían juntos, con su pequeña hija Edith. Discutían muy a menudo. Los pleitos solían girar en torno a lo que Samuel hacía o dejaba de hacer. Ella se desesperaba y le reclamaba que colaborara poco en la casa y que se la pasara jugando videojuegos, entre otras cosas. Él se sentía incomprendido y con la necesidad de justificarse. Ambos hicieron de tarea una lista sobre los rasgos que cada uno consideraba imprescindibles en su pareja, lo que era negociablemente importante, y aquello que prácticamente podían pasar por alto sin mayor problema.

La lista de Samuel se centraba en no ser juzgado duramente por su pareja al hacer las cosas a su modo. Cuando Connie leyó su lista de lo no negociable incluía cosas como: que tenga empuje y gusto por la vida, que tenga iniciativa, que sea proveedor, que no tenga adicciones... La interrumpí.

Samuel era un chico sensible, artístico y medio bohemio. A duras penas se había mantenido en su último trabajo por unos cuantos meses, renunció porque no le caía bien su jefe. Estaba desempleado, por lo que la carga financiera recaía en Connie. Fumaba marihuana en casa y pasaba horas jugando videojuegos. Ambos rasgos negativos para alguien con los compromisos que Samuel había adquirido eran solucionables si él hubiera estado interesado en cambiarlos, sin que fuera una exigencia, pero no era el caso. Sin embargo, lo que me llamó más la atención fueron las cosas que encabezaban la lista de Connie. Le pedí que me volviera a leer lo primero que puso en esa categoría. La miré y le dije:

-   Me parece que eso no es algo que puedas pedirle. Eso es de tómalo o déjalo.

Evidentemente ella quería algo totalmente opuesto a lo que él podía ofrecer. A Samuel le faltaba camino por recorrer para sanar la culpa que sentía porque su mamá, estando embarazada, había perdido al bebé al pasar el susto de su vida en un centro comercial cuando intentaron secuestrarlo a él, que en ese entonces tenía alrededor de dos años de edad. La sensación de deuda con su hermano menor y la culpa por el sufrimiento de su madre no le permitían crecer y avanzar en la vida. Los proyectos inconclusos eran una forma de expiar la culpa que sentía al creerse responsable de que la vida de su hermano hubiese quedado trunca. Sus actitudes y conductas infantiles eran reforzadas con la reacción de Connie, que en medio de sus quejas y reclamos se hacía cargo de las cosas que debían ser responsabilidad de ambos. A su vez, ella repetía el patrón del padre de Samuel al juzgarlo y hacerlo sentir incompetente. Por su parte, él recibía los juicios a los que estaba acostumbrado, mientras pagaba parte de la culpa que traía a cuestas al mantenerse en una relación con alguien que lo consideraba insuficiente.

Connie se la pasaba pidiéndole peras al olmo. ¿Cuánto tiempo más quieres seguir enojada reclamando al olmo que no te da peras? ¿En verdad quieres seguir aquí al pie del árbol… esperando?

Connie terminó la relación con mucho dolor. Aun si Samuel hubiera solucionado sus implicaciones con su madre y su hermano, no sabemos si habría llegado a cubrir las expectativas de Connie. Lo cierto es que ella pedía algo que Samuel no tenía. Y sufría porque él no se lo daba. No era capaz de dárselo, no podía. Sencillamente, no era el hombre que ella quería como pareja. Y ambos sufrían estando juntos.

Besando al sapo equivocado.

¡Este no es el príncipe que esperaba cuando besé al sapo! ¡Yo quería otro! ¿Y si lo sigo besando hasta que se convierta en el príncipe que yo quiero? ¿Y si lo convenzo? ¿Y si le digo lo que tiene qué hacer?
- Es perfecto, sólo tiene un pequeño defecto, es casado.
- Entonces no es perfecto, no es lo que quieres.
- Sí, es lo que quiero.
- Supongo que te gustaría ser la única en su vida, tener la exclusiva.
- Pero lo quiero a él, no me importa que no viva conmigo y que tenga otra familia ¡lo amo!

¿Cómo nos resulta más fácil quedarnos con alguien que no nos gusta del todo y esperar a que cambie, que dejarlo ir y buscar a otro que sí sea lo que queremos en nuestra vida?
- Es medio celosa, pero ya se le quitará.
- ¿Cómo estás tan seguro?
- Porque tendré más cuidado para que no dude de mí.
- Si no dándole motivos te cela ¿hasta qué punto llegarán?

La respuesta es nuestra historia familiar y nuestro gran amor ciego hacia los que sufrieron. Una vez que lo trabajamos para sanar nuestro árbol familiar, estamos libres para elegir a alguien con quien realmente podamos construir una sana relación de pareja.

Muchos reinos, muchas posibilidades.

La casa de mi amiga Nicole y la mía quedaban a media cuadra de distancia. Me gustaba ir a platicar con ella porque coincidíamos mucho intelectualmente. Mientras nuestras hijas jugaban a las muñecas en la habitación de la suya o salían al parque donde corrían y gritaban libremente, nosotras nos pasábamos la tarde hablando y tomando alguna bebida. Nicole es aficionada al café, pero yo no estoy acostumbrada y me altera bastante, si lo tomo después de las 5pm seguro tendré dificultades para conciliar el sueño. Así que ella se preparaba alguna especialidad en su máquina de hacer café, y para mí sacaba una caja donde guardaba un gran surtido de infusiones o tisanas, desde la clásica manzanilla hasta deliciosas y exóticas mezclas de frutos y especias importadas. Recuerdo varias de nuestras pláticas, pero hay una en particular que se quedó muy grabada en mi mente.

Yo estaba llorando por haber "perdido" a mi marido, que hacía algunos meses se había marchado de la casa. A pesar de que mi mejoría desde su partida era un signo evidente de que yo estaba mucho mejor sin él, sólo conseguía centrarme en la pérdida de mis sueños, el futuro que imaginé y al que me veía obligaba a renunciar. Nicole me contó que su prima tenía una expresión muy especial en relación a los hombres:
-	Los hombres son como los autobuses, detrás de uno viene el otro —me dijo con una mirada de confianza.
Las dos reímos. No se refería a rendirse fácilmente y renunciar a las primeras de cambio, sino a no perder tiempo con quien es un caso perdido.

Restaurar el vínculo con los padres y solucionar las implicaciones familiares nos brinda la libertad y fortaleza para ser adultos independientes. Dejamos de ser niños necesitados y comenzamos a confiar en que podemos valernos por nosotros mismos. Si tenemos pareja, somos capaces de disfrutar la relación sin sofocarla. Si no tenemos pareja, somos capaces de disfrutar de las ventajas de estar solos.

Si no sanas el vínculo con tus padres, enfrentarás más desafíos para lograr armonía en pareja. Podrás sentir desesperación por encontrar a alguien para llenar el hueco o incluso buscar relaciones poco saludables. Podrás experimentar urgencia por aliviar la sensación de soledad.

A las mujeres, comúnmente pueden angustiarnos creencias que, aunque limitantes, suelen ser culturalmente justificadas como: "¿y si ya no me busca?", "¿y si no encuentro a nadie más?", "no puedo estar sola", "necesito a alguien que me proteja", "necesito que un hombre me de lo que no creo capaz de conseguir por mí misma", "se me va a pasar el tren", "perderé mi oportunidad para tener hijos", "me haré vieja y nadie se fijará en mí", "a mi edad ya no es tan fácil", "si no encuentro a un hombre pronto, me quedaré para vestir santos", "al menos hay alguien que me presta un poco de atención", "tendré suerte si alguien se fija en mí", "las madres solteras ya no valen igual", "las divorciadas tienen que resignarse a estar solas o conformarse con lo que sea", "debo estar agradecida si se fija en mí a pesar de que tengo hijos", etc.

Toma un lápiz y papel. Vamos a desempolvar esas matemáticas y a hacer cuentas. Este será un ejercicio para mujeres heterosexuales, pero si no encajas en esta categoría y deseas hacerlo, basta con que lo adaptes a ti.

¿Cuántos habitantes hay en tu ciudad o pueblo? Si se trata de un municipio, condado o comarca, que incluye varios pueblos conectados, considera la región en su totalidad. Si desconoces los datos de las estadísticas actuales, utiliza la última cifra que recuerdes o echa mano del internet para investigar los resultados del más reciente censo poblacional.

Ahora ¿qué parte de ese total crees que son hombres? Puedes partir la cantidad de población total por mitad o buscar la cifra exacta nuevamente en alguna fuente de consulta.

De esa suma de hombres que hay en tu localidad ¿cuántos crees que están en el rango de edad adecuado para hacer pareja contigo? No es necesario ser tan precisas, simplemente calcula un número. De esos ¿a cuántos crees que les gustan las mujeres? Entre esos hombres heterosexuales de tu edad ideal ¿cuántos crees que están solteros y disponibles?

Tomando en cuenta esos solteros y disponibles ¿cuántos crees que reúnen las características que a ti te gustarían en una pareja? Por último, considerando esos hombres disponibles que son de tu tipo ¿a cuántos crees que les podrías gustar tú?

Bien, pues ahí tienes esa cantidad de hombres circulando por los alrededores de dónde vives con quien potencialmente podrías hacer pareja. Tan sólo a tu alrededor ¡ya no digamos en el mundo entero!

La cifra más alta que me ha dado una paciente, en la zona Metropolitana de Guadalajara México, donde somos más de 5 millones de habitantes *(https://iieg.gob.mx/strategos/alcanza-area-metropolitana-de-guadalajara-los-5-millones-de-habitantes/),* ha sido 10,000; y la más baja ha sido 4. Incluso la chica que cree que en esta enorme urbe sólo hay 4 posibles candidatos para hacer pareja, tiene más de una posibilidad de encontrarse con uno de ellos y construir una bonita relación de pareja.

Al encuentro del amor.

Emma es una jovencita atractiva, con un rostro tierno y unos ojos muy brillantes. Está llena de energía y le gusta salir a divertirse. Ansía una relación con un chico formal, responsable, trabajador, emprendedor, cariñoso y respetuoso. Los días laborables tiene diversas tareas que la mantienen ocupada, entre trabajo, proyectos personales y otros asuntos. Los fines de semana no deja pasar la oportunidad de salir a divertirse con sus amigas a algún bar o "antro". Cada fin de semana va a algún lugar donde lo que se hace ahí es beber alcohol. Regresa a su casa alrededor de las 4 de la madrugada.

¿Qué tipo de hombres suelen frecuentar esos lugares? ¿Encontrará ahí el perfil de hombre que dice que quiere? No está mal que vaya a divertirse, pero se está limitando en las posibilidades de encontrarse con el tipo de hombre con quien le gustaría hacer pareja. Los chicos que ha encontrado ahí y que la han invitado a salir, han sido bastante informales y no comprometidos.

¿Qué tipo de esferas crees que frecuenta tu hombre ideal? No quiere decir que sólo en esas zonas lo podrás encontrar, las posibilidades son infinitas. Tal vez te lo topes al dar vuelta a la esquina de tu casa o en la fila del supermercado. También cabe la posibilidad de que un chico intelectual acuda esporádicamente a un bar, aunque será más probable encontrarlo en un foro de discusión, por ejemplo.

El punto es que aumentes las probabilidades de encontrar a la persona adecuada, en lugar de pasártela en el pantano de los sapos sin remedio y preguntarte ¿por qué todos los hombres son iguales? Recuerda: "Si traes un silbato que llama patos, no esperes que lleguen venados". Manuel Contreras pregunta "¿qué tipo de persona le gusta a tu pareja ideal?". No se trata de dejar de ser auténticos, sino de desarrollar nuestro potencial, aquello que nos hará sentir bien.

Imagina qué tipo de cosas hace tu hombre o mujer ideal, y cuando tengas la imagen en tu mente, revisa cuáles son los lugares en donde podrías encontrarle. ¿Buscas a alguien intelectual? ¿Qué tal una biblioteca, una universidad, una feria de libros o una conferencia sobre un tema de relevancia? ¿Buscas a un deportista que cuide su salud? ¿Qué tal en un gimnasio, un centro acuático, un medio maratón en domingo, un parque al aire libre, una tienda de artículos deportivos o suplementos alimenticios, un restaurante vegetariano o un simposio sobre salud? Haz una lluvia de ideas o reúne sugerencias de distintas personas, seguramente se te ocurrirán muchas más opciones que a mí.

Compatibilidad.

Durante la etapa del enamoramiento solemos prestar poca atención a la compatibilidad. Podemos minimizar los defectos y engrandecer las virtudes de nuestro amado. No es común que nos imaginemos a futuro con un baño de realismo, porque estamos bajo el hechizo del nuevo amor. Es como si llegáramos a un banco a invertir nuestro dinero sin haber investigado previamente la solidez y confiabilidad de esa institución para tomar la decisión de depositar ahí nuestro capital. Tal vez, lo que buscamos no esté ahí y lejos de ganar, saldremos perdiendo. Pareciera que más bien jugamos una apuesta en la que dejamos al azar las posibilidades del resultado.

A Marion no le importó que Isaac le doblara la ead. Ella tenía 30 y él 60 cuando se casaron. La boda fue sencilla y la lista de invitados se limitó a los familiares de la inusual pareja. Para ella era su primer matrimonio y soñaba con convertirse en madre. Para él era el tercero tras un divorcio y la muerte de su segunda esposa, había cubierto su paternidad criando a dos hijos de los cuatro que tuvo y no estaba interesado en procrear más descendencia. Su matrimonio duró menos de una década.

El objetivo principal del matrimonio no debe ser nunca el formar una familia. Eso condena al matrimonio a la infelicidad porque se enfocan en los hijos y se utilizan mutuamente. Sin embargo, el deseo de procrear está presente en la mayoría de las personas, pues sentimos la necesidad de pasar más adelante la vida que hemos recibido, de compartir el regalo y brindar la misma maravillosa oportunidad a otro ser. Muchas mujeres sentimos la impetuosa necesidad de ser madres y soñamos con ello desde que somos unas niñas. Yo tenía entre cinco y diez años de edad cuando reservaba mis mejores juguetes pensando en algún día poder compartirlos con mi hija.

Marion se cegó ante lo evidente: Isaac y ella no eran compatibles. Ni siquiera tocaron el tema antes de casarse, ni siquiera después de casados hablaron de otros puntos importantes.

Elizabeth era estadounidense, se enamoró de un mexicano, y contrajo nupcias con él. Durante casi diez años vivieron en México y, durante ese tiempo, ella mantuvo la esperanza de que algún día se mudarían a su país, donde podrían tener hijos y criarlos en un ambiente que para ella era más seguro. Él no estaba dispuesto a vivir en otro lugar, había construido una empresa exitosa y no pensaba dejarla caer para buscar empleo en el extranjero. Murió joven, en su tierra. Ella quedó viuda y sin hijos, por esperar las condiciones ideales para tenerlos.

Chris le propuso matrimonio a Victoria porque tenía la ilusión de formar una familia. Ella aceptó porque quería conseguir una visa. Él se enfocó en criar a su hija, mientras ella se dedicó en cuerpo y alma al trabajo. Fracasaron como pareja porque ninguno tuvo como objetivo a la pareja en sí. Se autoengañaron durante algunos años. El matrimonio sólo era un instrumento para conseguir algo más, para él se trataba de convertirse en padre, para ella era una cuestión de residencia legal.

Cuando conoces a alguien que te gusta y piensas en construir una relación duradera con esa persona, es importante que verifiques el nivel de compatibilidad, de acuerdo a los planes y metas que cada uno tiene. Si no revisas qué tan avenidos son, pueden llegar a terminar tras una larga lucha de estira y afloja, o en la penosa situación en la que uno de los dos cede y el otro se impone hasta que el ahogo sofoque la relación y sientas que "duermes con el enemigo".

No es necesario sacar a flote el tema durante la primera cita, pero tampoco esperes hasta que haya pasado demasiado tiempo y sea complicado dar marcha atrás.

No le vas a interrogar como si fueras reportero o fiscal. Vas a mostrar interés por sus planes y comprobar qué tanto tienen en común.

Si ya estás en una relación de largo plazo, todavía puedes verificar la compatibilidad entre ustedes, nunca es tarde para abrir los ojos. Ello te permitirá tomar decisiones y, de ser posible, negociar y trabajar en hacer los ajustes necesarios. Uno de los errores frecuentes es asumir que al otro le gusta lo mismo que a ti.

MATRIMONIO. ¿Ambos tienen planes de formalizar su relación en un futuro? ¿Es posible para ambos hacerlo? ¿Quieren casarse legalmente o también bajo alguna religión? ¿Quieren algún tipo de ceremonia para celebrar la unión? ¿Cuántos invitados les gustaría que los acompañaran? ¿Qué presupuesto creen que sería adecuado para una boda? Si son de culturas diferentes ¿están de acuerdo en que la novia adopte el apellido del novio o en que conserve el de su propia familia? Si son del mismo sexo ¿es legal el matrimonio homosexual en el lugar donde viven o sellarán el compromiso con algún ritual especial?

VIVIENDA Y HOGAR. ¿En dónde quieren vivir? ¿En qué país? ¿Prefieren ciudad, suburbios, pueblo o campo? ¿En qué zona o vecindario? ¿Qué estilo de morada tienes en mente? ¿Cuál es la casa de tus sueños? ¿Se parece al de tu pareja? ¿Es apartamento, casa pequeña, cabaña, mansión, o pent-house en un edificio alto? ¿Con cuántas habitaciones? ¿Vivirán solo ustedes o contemplan a alguien más? ¿Qué tipo de decoración les gustaría? ¿Quién elegirá el diseño de la fachada y los interiores de la vivienda? ¿Al gusto de quién se decorará la casa? ¿Quién decidirá el acomodo del mobiliario? ¿Se pondrán de acuerdo para hacer cambios en la organización de los muebles? ¿Les gustan las mascotas? ¿De qué tipo? ¿Coinciden en cómo se les debe tratar y cuáles serán los cuidados? ¿Éstas entran a la casa o se quedan fuera? ¿Duermen en con ustedes en el mismo cuarto o tienen un espacio aparte? ¿Cada cuándo se hace limpieza en casa, cómo, y a quién le corresponde qué?

HIJOS. ¿Planean tener hijos? En caso afirmativo ¿cuántos, con cuántos años de diferencia entre uno y otro? ¿Pueden procrear juntos o necesitarán adoptar? ¿Cómo planean que sea el parto (en agua, cesárea, tradicional)? ¿En dónde va a pasar la cuarentena la mamá? ¿Quién la va a apoyar y de qué manera? ¿Quién debe levantarse en la noche cuando el bebé llore? ¿Quién se encarga de qué? En caso de adopción ¿saben cuáles son las opciones y requisitos? ¿Cuáles son los parámetros de exigencia y permisividad que consideran correctos? ¿Uno de ustedes será más exigente y otro será más permisivo? ¿A partir de qué edad los hijos deben o no ir a la guardería? ¿A qué edad retirarán el pañal? ¿Quién le enseñará a ir al baño? ¿Quién debe cuidar al bebé cuando ustedes tengan un compromiso? ¿Cómo cuidarán su salud? ¿Les aplicarán vacunas? ¿cuáles? ¿Qué tipo de atención médica recibirán? ¿Tienen algún especialista de confianza? ¿Cuál es la mejor alimentación para cada etapa? ¿Cuál es una buena hora para acostarle a dormir? ¿Alguno lo acompañará a la cama? ¿Por cuánto tiempo? ¿Le leerán un cuento? ¿Le dejarán solo a oscuras o dejarán una luz encendida? ¿Cuántas horas debe dormir un niño?

SEXUALIDAD. ¿Con qué frecuencia quieren tener erotismo? ¿Saben lo que les gusta y lo que no a cada uno? ¿Cómo sabrán cuando sus gustos hayan cambiado? ¿Quién puede tener la iniciativa de erotizar, cómo la va a expresar y cómo responderá el otro? ¿Usarán algún control de natalidad? ¿Cómo resolverán conflictos sexuales? ¿Qué pasará si alguno pierde el interés sexual? ¿Qué límites establecerán con terceras personas? ¿Qué tipo de comentarios o conductas de flirtreo con terceros no serán tolerados?

TRABAJO. ¿A qué se quiere dedicar cada uno? ¿Sus trabajos son compatibles en horarios, viajes de negocios, etc.? ¿Están de acuerdo con la profesión o el oficio del otro? ¿Su ocupación comulga con tus valores y expectativas?

ECONOMÍA Y ADMINISTRACIÓN. ¿Qué presupuesto consideran adecuado para vivir? ¿Qué porcentaje del gasto familiar aportará cada uno en ingresos? ¿Qué porcentaje de las labores del hogar realizará cada uno? ¿Cuáles serán las tareas asignadas en casa para cada uno y con qué frecuencia deberán cubrirse? ¿Hay alguna labor que les disguste y prefieran evitar? ¿Contrarán personal de servicio? ¿Quién le dará indicaciones y quién asumirá el gasto?

FINANZAS. ¿Conocerán ambos cuánto dinero tienen o llevarán sus cuentas separadas? ¿Quién decidirá en qué se gasta y en qué no? ¿Cómo se pondrán de acuerdo para los gastos importantes? ¿Cómo solventarán emergencias? ¿En qué les gusta gastar y en qué no? ¿A nombre de quién estarán las cuentas bancarias de ahorro o inversión? ¿Ambos tendrán acceso a ellas? ¿Están de acuerdo con utilizar crédito? De ser así ¿quién y en qué condiciones debe solicitarlos, de qué manera los manejarán? ¿Tomarán decisiones conforme se presenten las necesidades o tienen un plan para incrementar su patrimonio?

RELIGIÓN. ¿Comparten la misma fe y espiritualidad? ¿Profesan alguna religión? Si tienen creencias distintas ¿se respetan mutuamente sin descalificar la opinión del otro? ¿Qué inculcarán a sus hijos? ¿Cómo? ¿A cargo de quién estará enseñar los valores? Si tienen dogmas diferentes ¿les enseñarán los principios de ambas y los dejarán elegir, o los instruirán en una?

EDUCACIÓN DE LOS HIJOS. ¿Qué tipo de educación quieren para sus retoños? ¿Irán a la escuela o tomarán clases en casa? ¿Qué tipo de educación es la mejor? ¿A qué tipo de colegio quieren que asistan? ¿Los inscribirán en clases de arte o en algún deporte? ¿Cómo piensan costear la educación de los hijos? ¿Qué apoyo económico les brindarán para estudiar y hasta qué nivel? ¿Cuáles son las expectativas de nivel educativo que tendrán con ellos? ¿Tienes predilección por algunas profesiones o te opondrías a alguna en particular si tu hijo la eligiera?

VIDA SOCIAL Y DIVERSIÓN. ¿Viven los padres de ambos? ¿Tienen una buena relación con ellos? ¿Cómo será la relación con la familia política? ¿Cada cuándo piensan visitar a los parientes? ¿Con qué frecuencia esperan recibir visita? ¿Por cuánto tiempo o bajo qué condiciones? ¿Les gusta ir a fiestas? ¿Les gusta bailar? ¿Estás de acuerdo en que pase tiempo con sus amigos, sin ti? ¿Es válido tener amistades de ambos sexos? ¿Tienes problema en que conserve la amistad con una expareja? ¿Con qué frecuencia verán a sus respectivas amistades? ¿Cuál es la idea que cada uno tiene de diversión? ¿Qué les aburre? ¿Qué detestan? ¿Les gusta hacer ejercicio? ¿De qué tipo? ¿Les gusta ver deportes en televisión o asistir a eventos? ¿Qué tipo de viajes les gusta: duración, destino, actividades? ¿A qué piensan dedicar los fines de semana?

HÁBITOS E INDIVIDUALIDAD. ¿A qué hora suelen despertarse o irse a dormir? ¿Empatan en horarios de actividad y descanso? ¿Escuchan música estando en casa o prefieren el silencio? ¿Cuáles son sus horarios para la comida? ¿Qué tipo de alimentación lleva cada uno? ¿Qué estilo culinario prefieren o detestan? ¿Alguno es alérgico a algún alimento? ¿Qué concepto tiene cada quien sobre la higiene? ¿Cuál es la limpieza que necesitas en el hogar para estar cómodo? ¿Qué grado de organización lleva cada uno? ¿Qué nivel de orden o desorden estás dispuesto a tolerar? ¿Tienen costumbres que embonan? ¿Alguno tiene hábitos que al otro no le gustan? ¿Qué tan desagradables son para el otro? ¿Se trata de algo grave o es llevadero? ¿Es algo que ilusamente esperas que desaparezca con el tiempo o puedes aceptar y respetar que sea así?

Necesitas tener claridad acerca de tus propios objetivos de vida y los de tu compañero. Es importante saber en qué aspectos coinciden, en cuáles difieren, si son compatibles, o si hay algo trascendental que complique la convivencia. Para caminar juntos necesitan saber si van en la misma dirección, no que uno jale pa'un lado y el otro pa'l otro.

Lo negociable y lo no negociable.

Esther y Bruno llevaban casi dos décadas de matrimonio. Él tenía un problema de adicción a la pornografía y desatendía la intimidad sexual con ella. Manipulaba la conversación para no admitir que estaba siendo egoísta y que, con su adicción, hería los sentimientos de su esposa al relegarla sexualmente. Aseguraba que tener relaciones sexuales una vez al mes estaba bien, y que una vez a la semana era demasiado.

Es justamente el vínculo sexual lo que distingue una relación de pareja. No existe realmente una norma en cuanto a la frecuencia, pero para Esther este ritmo era demasiado lento y sufría al suponer que resultaba poco atractiva para su marido. Ella hubiera deseado poder disfrutar del erotismo con Bruno al menos dos o tres veces a la semana. Sin embargo, seguía con él, a pesar de sentirse despreciada se mantenía con la ilusión de que él cambiara.

Si alguien le hubiera preguntado antes de involucrarse sentimentalmente con Bruno si estaba dispuesta a sacrificar su intensa libido durante tantos años por un hombre, seguramente habría exclamado un rotundo "¡no!". Era un tema que para ella habría sido no negociable. No obstante, cada vez que se enfrentaba con la realidad y se cuestionaba si deseaba continuar en la relación en estas condiciones, terminaba por restarle importancia y conformarse con lo que tenía. En el fondo, buscaba sentirse rechazada, esa era la herida infantil que necesitaba sanar.

No solemos detenernos a analizar si la persona que nos gusta es realmente lo que queremos, o si nos estamos conformando con algo que, a la larga, nos traerá infelicidad.

La lista que Connie y Samuel hicieron fue una estrategia que aprendí de mi amiga terapeuta Claudia Carrillo y que con el tiempo he ido puliendo. Se trata de una lista personalizada que puedes elaborar de acuerdo con lo que buscas en una pareja. Incluye tres columnas con las siguientes categorías:

IMPRESCINDIBLE. Las cosas que para ti son indispensables y, por lo tanto, no negociables. Aquello que buscas en una pareja y que, si falta, es motivo para dejar la relación. Y aquello que para ti es muy grave y no estás dispuesto a tolerar, que si está presente también es razón suficiente para no continuar con esa persona. Por mencionar algunos ejemplos: fidelidad, que sea independiente financieramente, que me respete y no me insulte, etc.

NEGOCIABLE. Las cosas que son importantes pero que pueden ser sujetas a negociación, es decir, si hay algo que te molesta o si falta algo que quieres que haya, y que es susceptible de cambio. Lo que te importa mucho, pero que estás dispuesto a ajustarte para buscar un término medio entre lo que el otro quiere y lo que tú deseas, o alternar para dar gusto a ambos. Si coincide ¡excelente! Si no quieren lo mismo, ambos cederán un poquito para llegar a algo que los beneficie a los dos. Por ejemplo: salir a pasear los fines de semana, con qué frecuencia deseo tener intimidad sexual, dónde pasamos la Navidad, etc.

IRRELEVANTE. Lo que te agradaría que hubiera, pero en realidad no lo necesitas. No pasa nada. Y lo que sería bueno que no estuviera presente pero que resulta prácticamente inocuo. ¿Qué podría ser mejor, pero reconoces que no te afecta? O sea, las características ideales como si fuera "mandado a hacer" y te hubieras sacado la lotería, pero que reconoces que no son importantes. Por ejemplo: que tenga manos grandes o pestañas largas, que le guste el chocolate, si no ordena su ropa en sus cajones, etc.

CARACTERÍSTICAS QUE QUIERO EN MI PAREJA

IMPRESCINDIBLE	NEGOCIABLE	IRRELEVANTE
• Lo que es tan importante que si no lo tiene, prefiero no estar en la relación.	• Lo que sería ideal, pero puedo ajustarme para llegar a un punto medio entre los dos.	• Lo que me encantaría que hubiera, pero si no lo hay no pasa nada.
• Lo que es tan grave que si se presenta, amerita dejar la relación.	• El límite de lo que podría cambiar. Hasta dónde puedo hacer ajustes sin sacrificar mi felicidad.	• Lo que podría ser mejor, pero en realidad no me afecta.

Resulta mucho más fácil elaborar un inventario de lo que queremos y lo que no queremos cuando no tenemos en la mente una relación en juego, cuando no hay nada que perder y podemos tener claridad con honestidad. Así que, si tienes pareja, te recomiendo que prestes atención y hagas tu mejor esfuerzo para hacerlo sin manipular tus respuestas en aras de adaptarlas al susodicho o candidata. Por supuesto que tanto tu pareja actual, como parejas anteriores, pueden servirte como referencia, siempre y cuando tu lista se base en lo que sería ideal para ti.

Imagina que tienes una invitación a una fiesta importante, y decides ir con un sastre o diseñador para que confeccione lo que vestirás para esa ocasión. No querrás dejar todo a su elección. ¡¿Qué tal si te hace un traje o vestido púrpura con lentejuelas rojas y doradas?! Es importante que pongas las cosas al desnudo para saber con claridad qué quieres y qué no, hasta dónde estás dispuesto a negociar y cuál es tu límite de lo inaceptable. Entre más larga la lista, mucho mejor, podrás tener claridad en qué es lo que realmente quieres y lo que no quieres.

Cuando hayas elaborado tu lista, puedes usarla para corroborar si la persona que te gusta, o con quien estás actualmente, pasa el filtro de lo imprescindible. Si cumple con todos los requisitos que escribiste en esa primera columna, significa que es alguien con quien puedes ser feliz. Podrán trabajar en buscar alternativas para ajustarse y llegar a acuerdos en los puntos negociables.

Si no cumple con alguno o con varios aspectos indispensables, y estos tienen que ver con el trato que te da, tal vez esa persona esté dispuesta a hacer cambios y tengan posibilidades de construir una mejor relación. Aunque ¡cuidado! Tampoco pretendas vivir de promesas.

Si la falla es en relación a cómo es él o ella como persona, en su estilo de reaccionar o de vivir, déjame decirte que no hay nada qué hacer, no puedes esperar o exigir… porque es un asunto de tómalo o déjalo. ¿Quieres arriesgar tu felicidad quedándote con alguien que no es lo que quieres?

No querrás pasarte la vida aguantando, insistiendo en que se convierta en algo que no es y perdiendo el tiempo reclamando a tu pareja que se adapte a lo que quieres. En lugar de reconocer que no le aceptas tal como es porque quieres algo diferente, y te niegas a admitir que no serás feliz a su lado.

¿Cómo sabrás cuando hayas encontrado a la persona indicada? ¿De qué manera puedes identificar al príncipe azul y ahorrarte toda una vida de besar sapos babosos? ¿O distinguir a la princesa de la bruja?

Cada relación te brinda la oportunidad de aprender sobre ti y sobre la interacción con el otro, son lecciones valiosas que pueden ir acompañadas de experiencias inolvidables. No podemos ignorar que gracias a esas relaciones fallidas tenemos la posibilidad de crecer y convertirnos en una mejor versión de nosotros mismos. Pero, tampoco queremos estar perdiendo demasiado tiempo con quien dista mucho de ser lo que buscamos. Podemos asimilar la vivencia, aprobar el examen y pasar al siguiente nivel, en lugar de seguir repitiendo el mismo tema. La vida es tan generosa que, si no aprobamos una lección, nos repite el curso completo.

Si haces tu lista en detalle y con verdadera honestidad, tendrás más elementos para identificar si el candidato embona o no en tu perfil de búsqueda. Lo siguiente será entregarte a la experiencia, trabajar juntos para construir la relación y disfrutarse mutuamente. Si no resulta y alguno decide no continuar, al menos habrás gozado con alguien que verdaderamente te gusta tal cual es, por el tiempo que haya durado. Y si trasciende… ¡enhorabuena!

Siempre hay señales.

Los trozos de barro color anaranjado contrastaban con la tierra esparcida sobre el mosaico de la sala. Anahí no comprendía todavía lo que había pasado. Temblorosa se levantó del piso. La maceta se había roto en varios pedazos y la planta quedó aplastada por el peso de su cuerpo.

Se sentía confundida, asustada y desconectada. El impacto de la patada la había lanzado fuertemente contra la pared, golpeando así su cabeza, para luego caer sobre la maceta que estaba cerca de la puerta. Después de la conmoción, el aturdimiento fue dando paso a las sensaciones en su cuerpo y éstas al remolino de emociones. No sabía qué le dolía más, si el dolor del abdomen donde había recibido el golpe, el ardor de los rasguños en las piernas provocados con el rompimiento del barro, el aturdimiento y mareo en la cabeza después de impactarse contra la pared, o el desencanto que sufrió al reconocer que era víctima de violencia doméstica.

No era la primera agresión física que sufría en manos de su marido. De hecho, a lo largo de los años compartidos, podía sumar unas diez veces en las que él la había empujado, golpeado o, incluso, pateado. Pero ignoraba que corría peligro. Minimizaba la violencia de su consorte asumiendo que no era una víctima porque también participaba en el pleito dando manotazos. Hasta llegó a convencerse de que estaban en igualdad de condición y que, además, se lo merecía.

Se acordó de las palabras de un viejo amigo: "Siempre hay señales." Entonces, los recuerdos de esas advertencias comenzaron a venirle a la memoria. Recordó la primera visita que hizo a la casa de su esposo, cuando comenzaban su noviazgo. Al subir las escaleras y girar a la izquierda se topó de frente con una puerta que tenía una rotura al centro, la madera quebrada se había hundido de una manera muy extraña. Anahí preguntó a su novio qué había ocurrido y él, despreocupado, contestó que estando montado en cólera le había dado un golpe a la puerta de su habitación.

Ella sintió una sensación extraña en el interior de su cuerpo, pero restó importancia a su propia impresión y a la contestación que él le dio. Jamás imaginó, en aquel momento, que algún día el motivo de su rabia llegaría a ser ella y que, por lo tanto, podría también llegar a ser el objetivo del desahogo de tal ira. ¿Y cómo iba a suponerlo si este tímido chico se mostraba exageradamente educado y caballeroso? ¿Cómo imaginar que podría llegar a golpearla si parecía estar tan enamorado de ella y la trataba como si fuera el centro de su universo?

Señales de alerta.

Muchos autores nos sugieren no darnos por vencidos fácilmente. Las religiones procuran la conservación de la unión. La terapia busca mejorar las relaciones para que sean estables, saludables y satisfactorias. La sociedad presiona para la formación de la pareja y la familia. Las primeras generan vida y las segundas son el pilar de la sociedad.

Podemos leer en un libro el consejo de "lucha por tu matrimonio" y creer que el resultado depende únicamente de nosotros. Pensamos que, si nos esforzamos lo suficiente, tarde o temprano la otra persona inevitablemente cambiará y se convertirá en lo que siempre hemos soñado. Interpretamos lo que leemos o escuchamos como si se tratase de algo absoluto. Tomamos las sugerencias como si fueran una receta médica que hay que seguir al pie de la letra olvidando que la recomendación no fue hecha a la medida sino con un tipo de patrón general. Pareciera que tenemos una especie de atrofia contextual en la que se nos dificulta adaptar una idea a nuestras propias circunstancias. Podemos quejarnos toda una vida porque el otro no cambia. Las mujeres podemos llegar a ignorar riesgos potenciales para nosotras mismas o para nuestros hijos.

Hay muchos tipos de señales. Podríamos pensar en un semáforo. Cuando encuentras coincidencias con lo que buscas en una relación, es una señal verde, para seguir avanzando. Si es algo que te deja pensando y no sabes qué tanta importancia darle, es una luz amarilla que te indica que debes estar alerta por si surgen más señales que conviertan el nivel amarillo en rojo.

Varias señales amarillas acumuladas ameritan consideración de luz roja. Hay circunstancias que, indudablemente son para hacer un alto y replantearse si ese es en verdad el tipo de relación que quieres. Así tal cual es en este momento, sin la ingenua ceguera de creer que algo cambiará. También hay otras situaciones en las que la luz es más que roja y debes alejarte de inmediato.

Un indicador digno de atención para no perder tu tiempo es cuando el otro no está disponible. Es casado o casada, su preferencia sexual es diferente a la tuya, se ha dedicado al celibato por su religión, o cualquier otra circunstancia que haga evidente que no estará para ti, por más que sueñes que dejará atrás esa situación y te convertirá en el centro de su vida. ¿Quieres vivir de sueños o de realidad?

Otro indicador de alerta para no continuar en una relación es cuando al otro no le interesa buscar ayuda. Si han tenido problemas y le has pedido ir a terapia de pareja, a un curso, a un retiro, etc., y se ha negado sistemáticamente, simplemente no está dispuesto a buscar herramientas y probar opciones para ver cuál le resulta. Si aceptó ir a terapia, pero falta a las sesiones y encuentra razonables justificaciones, no quiere esforzarse. Tal vez te diga que sí le interesa, hasta puede jurártelo, pero sus acciones hacen evidente lo que sus palabras intentan disfrazar. ¿En verdad te convence su discurso, aunque se oponga a los hechos? ¿Quieres mantener una ilusión a base de migajas? ¿Quieres esforzarte por los dos? Aunque lo hicieras, no ayudaría a la relación. La pareja debe ser pareja.

Alerta roja.

Quiero hacer aquí un paréntesis dedicado a muchas mujeres. Es verdad que la violencia doméstica puede darse sin distinción de género ni orientación sexual. Sin embargo, la mayoría de los agresores suelen ser hombres y la mayoría de las víctimas suelen ser mujeres.

Si te ha insultado o te ha golpeado ¡es una señal de alarma! Si lo ha hecho más de una vez ¡¿qué estás haciendo todavía ahí?! La locura es que te miente, te juzga con calificativos o profanidad, te amenaza, te minimiza y, encima, te culpa por lo que él hace ¡y tú te lo crees!

¿Cuántas veces has pensado que no eres valiosa, bella, inteligente, o que debe faltarte algo para merecer que te amen como te gustaría? Ese es un problema de autoestima que necesitas resolver de origen, en relación con la persona o situación que te haya hecho creer eso de ti misma y que ahora te vulnera ante tu pareja, que repite un trato similar. Si ese es el caso, tal vez convenga regresar al capítulo 5 y trabajar en restaurar el vínculo.

Solemos creer que violencia doméstica es cuando un cónyuge le propina una paliza al otro, una serie de golpes que le dejan heridas o moretones visibles. Desde este punto de vista, todo lo que escape a esa imagen no encaja en esa categoría. Otros incluirán empujones, jalones, portazos y gritos, en el rango de gravedad. Pero el espectro es más amplio y la realidad es más cruda.

Hay una gráfica muy ilustrativa acerca de la violencia doméstica que quizá puedas encontrar en internet, se llama "violentómetro". Aquí te presento una versión para tener en cuenta.

La violencia doméstica empieza desde que te hace bromas hirientes, te miente, te ignora, te cela, te culpa, te ridiculiza, te controla, te insulta, te humilla en público, destruye tus pertenencias, etc. Y va subiendo en intensidad hasta llegar al homicidio. Generalmente, se considera feminicidio no solo cuando se asesina a una mujer por el hecho de ser mujer, sino también cuando muere a manos de un hombre, por considerarse abuso de género. Según la Organización de las Naciones Unidas, 9 mujeres son asesinadas cada día en México.

"En México, el 19.4% de las mujeres de 15 años y más ha enfrentado, por parte de sus parejas, agresiones de mayor daño físico, que van desde los jalones o empujones hasta golpes, patadas, intentos de asfixia o estrangulamiento e

incluso agresiones con armas de fuego y abusos sexuales".
(https://politica.expansion.mx/mexico/2019/08/19/datossob
re-violencia-contra-mujeres-mexico).

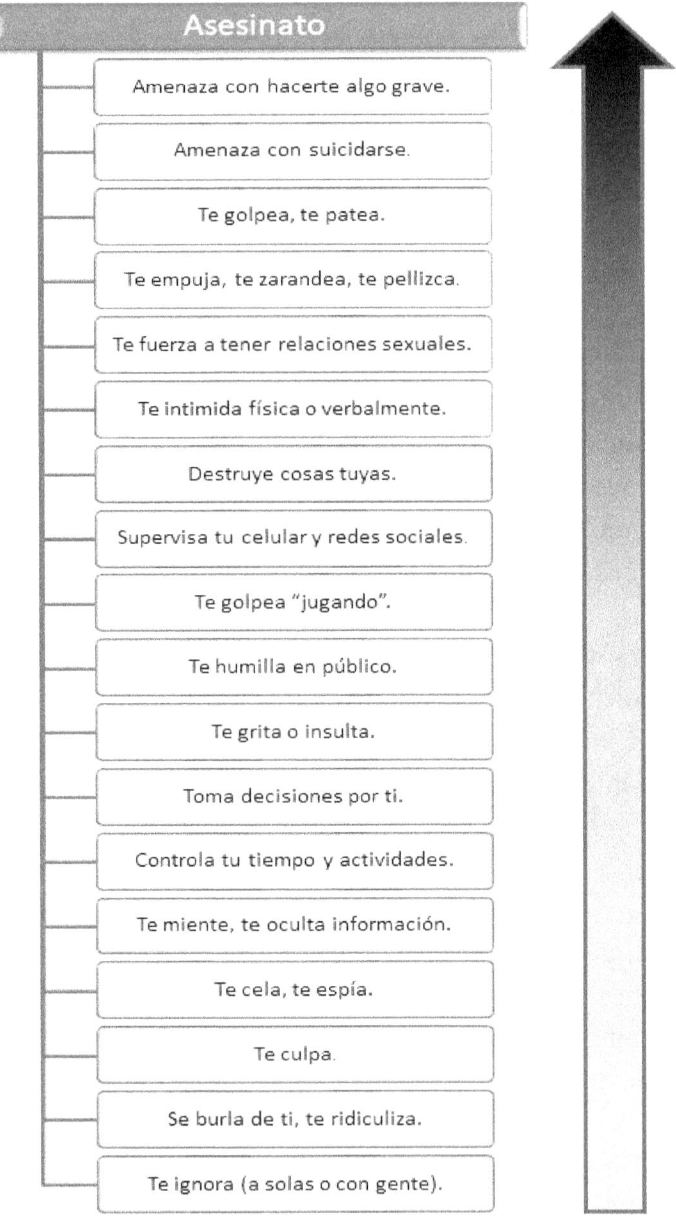

A nivel mundial, los datos son alarmantes: "hasta el 70 por ciento de las mujeres ha experimentado violencia física y/o sexual por parte de un compañero sentimental durante su vida" (https://www.unwomen.org/es/what-we-do/endingviolence-against-women/facts-and-figures).

Se estima que de las 87,000 mujeres que fueron asesinadas globalmente en el 2017, más de la mitad, fueron matadas por sus parejas o miembros familiares. Lo que quiere decir que 137 mujeres alrededor del mundo son asesinadas a diario por un miembro de su familia. (https://www.unwo - men.org/es/what-we-do/ending-violence-against-women/ facts-and-figures).

En verdad ¿quieres arriesgarte a ser una estadística más? Es cierto, tal vez no pase de ahí, es posible que sólo te insulte y que no se atreva a ponerte una mano encima… ¿quieres jugar a la ruleta rusa y averiguar si llegará el día en que sí sea capaz de hacerlo? Si ya comete varias de las agresiones indicadas en el violentómetro, entonces tiene el potencial para escalar a más.

Si la violencia doméstica empezara con una bofetada, se reduciría drásticamente el número de personas dispuestas a continuar en una relación tan tóxica. Pero no es así como comienza. La violencia marital casi siempre inicia sutilmente. Por eso es tan común que la víctima no se percate de la situación, porque ha ido tolerando, poco a poco, una serie de agresiones que no ha alcanzado a dimensionar.

Como lo mencioné, la mayoría de las veces es el hombre quien desempeña el papel de agresor en contra de una mujer, aunque algunas veces es al revés, o son ambos. Aquí, cabe compartir las palabras de un amigo que afirmaba que, en un matrimonio hetersosexual, aunque ambos cónyuges participaran agrediéndose físicamente el uno al otro, seguiría siendo abuso por parte de él, pues "hay una diferencia fundamental que se llama peso". El esposo de Anahí era más alto y corpulento, practicaba artes marciales y pesaba más del 50% que ella. Si un niño en la calle te golpea, no le regresas el golpe porque sabes que abusarías, simplemente te retiras y te aseguras de que no vuelva a ocurrir. Si es tan claro el abuso de un adulto hacia un niño ¿qué te hace pensar que no se trata de abuso cuando es de un hombre hacia una mujer?

Si eres mujer y has sufrido violencia por parte de tu pareja, revisa en terapia qué te ocurre que buscaste a alguien así y, si acaso es que estás sacrificándote por alguien más. Si eres varón y te das cuenta que has sido agresivo con tu pareja, es momento de hacer algo para corregirlo. Si sólo ha llegado a burlas o insultos, puedes intentarlo por ti mismo. Si has empujado o golpeado a tu pareja, aunque sea solamente una vez, sería conveniente que tomes terapia para que descubras qué ocurre. Tal vez sea que estás siendo leal a los hombres de tu familia, o que te has identificado con alguien que fue agresor y lo excluyeron por ello, o con alguien que fue víctima y buscas justicia indirectamente. Un problema puede estar relacionado con varios eventos familiares.

Creo que muy pocos hombres son violentos con su pareja con la consciente y plena intención de hacerlo. Para la gran mayoría, se trata de un impulso agresivo que "se apoderó de ellos", sin que se dieran cuenta de cómo lo dejaron crecer. Es importante que seas consciente de la gravedad y de las posibles consecuencias que esto puede generar en ti y en tu pareja. No te justifiques convenciéndote a ti mismo de que no eres malo, que puedes controlarte o que ella se lo merece. Si ella no es lo que quieres, no abuses, solo aléjate. Actuar a tiempo hace la diferencia entre prevenir y lamentar.

Cómo poner atención en las señales.

Como lo vimos en capítulos anteriores, buscamos a alguien que nos permita reproducir las condiciones para solucionar asuntos pendientes con nuestra familia de origen. Una vez se trabajan esas implicaciones, es más fácil detectar las señales de alerta en un posible candidato a pareja formal.

Por ejemplo, una mujer que sufrió infidelidades, golpes y el alcoholismo de su esposo me dijo en terapia que su esposo era otro cuando eran novios, que cambió a partir de que se casaron. Estaba convencida de que no había habido señales que le indicaran que dejaría de ser el chico atento y cariñoso que fue durante el noviazgo. Después de mencionarle algunos ejemplos de otros pacientes, se acordó que su suegra exclamó al conocerla "¡A ver si ahora mi hijo se aplaca y sienta cabeza!".

Megan tuvo problemas para que su novio cumpliera con los compromisos que hacía con ella, pues constantemente cambiaba los planes a última hora o, de plano, la dejaba plantada. Cuando buscamos las señales que pudo haber ignorado, me decía que él casi no veía a los amigos por estar con ella, y que después cambió. Cuando ella intentó marcar límites, él veía a los amigos con menos frecuencia, pero anteponía a sus familiares en asuntos no urgentes. La señal había sido que cuando lo conoció, él todavía vivía con su pareja e hijos, argumentando que la relación se había terminado. Lo cual pudo haber sido verdad, porque a los pocos meses se fue a vivir solo. Sin embargo, mi paciente inició casi en la posición de una amante, un lugar nada prioritario. Después, él siguió tratándola como si no fuera una prioridad en su vida.

Mady sufría los celos desmedidos de su novio, quien desde la primera cita tuvo la osadía de revisar su celular. Meses después era él quien veía primero los mensajes antes de que Mady pudiera siquiera tomar su propio celular.

Eso que no te gusta ahora, imagínatelo a la décima potencia con el pasar del tiempo…

A veces, mis pacientes "dan el pendulazo". Es una reacción normal después de revisar las advertencias que pasaron por alto en su anterior relación amorosa. De pronto, se vuelven estrictos escudriñadores de señales. Es normal, pero no es necesario montar en paranoia y dudar de cada cosa que hace el otro. Cuando empiezas una nueva relación es igualmente importante estar atento a las señales como disfrutar de ésta.

¿Cómo hará un esquimal para dar pasos sobre el suelo congelado y no paralizarse del miedo? Seguramente conoce a la perfección los distintos tipos de hielo y nieve, es capaz de diferenciar tonalidades de blanco y reconocer si es seguro o no caminar por ahí.

De la misma manera, si revisas con detenimiento cada una de las relaciones de pareja que has tenido, en especial aquellas más difíciles y dolorosas, podrás encontrar cuáles fueron las pistas que desconociste y que te alertaban acerca de lo que era prácticamente inminente y que, tarde o temprano, llegaría a pasar.

Es una pregunta que hago a todos mis pacientes cuando trabajamos un rompimiento de pareja ¿Cuáles fueron las señales que ignoraste? Algunos tardan unos minutos en encontrarlas, a pesar de haber sido tan evidentes que parecían gritarles en su cara y, aun así, no se dieron cuenta. Justamente porque a nivel inconsciente eso era lo que estaban buscando. Como la mujer que esperó a su esposo seis horas en su primera cita, y por increíble que ya suena que haya esperado tanto, él apareció. Al pasar de los años se quejaba de la poca atención que él le prestaba. Eso le permitía ser una mujer abnegada como su madre y su abuela.

Aquello de lo que las personas se quejan de su pareja, es algo que seguramente pudieron prever al inicio. Por ejemplo, tu pareja solía mentir e inventar pretextos para zafarse de compromisos y al pasar de los años te fue infiel y mantuvo una aventura con otra persona. Era alguien perfeccionista que ahora controla la relación y te menosprecia. Era un chico tierno y despreocupado que terminó por hartarte debido a su falta de organización y de responsabilidad. Tenía pareja formal cuando empezó a buscarte y después de terminar su compromiso y formalizar contigo prioriza el tiempo que pasa con sus amigos y te sientes relegado. Solía llegar tarde a las citas cuando eran novios y ahora no puedes confiar en que te acompañará a eventos importantes. Se la pasaba hablando de su mamá y ahora pasa más tiempo con ella que en casa. Se quejaba contigo de lo despilfarradora que era su expareja y, ahora, controla y restringe tus gastos. Revisó tu celular en la primera cita y ahora supervisa con quién mantienes conversación.

Las señales siempre han estado ahí. Si te indican seguir con él ¡adelante! Si, en cambio, apuntan a que esta persona no es la correcta para ti, hay otros peces en el mar. ¡Es tu felicidad la que está en juego!

Online dating o citas virtuales.

Al conocer a alguien en línea podemos perdernos de mucha información crucial para identificar si ese prospecto es o no lo que buscamos, y corremos el riesgo de equivocarnos. No obstante, si nos circunscribimos a las posibilidades de conocer a una persona a la vuelta de la esquina, en el trabajo, en el mismo vecindario, al ir al supermercado, o en una reunión social… podemos estar muy limitados.

La tecnología nos abre camino, sabiendo utilizarla a favor. Existe una gran variedad de sitios web y aplicaciones que podemos aprovechar para ampliar el círculo de posibilidades y conocer personas de otras ciudades o de otros países. ¡El mundo es el límite!

Es verdad que, hasta que convivas con alguien, podrás saber realmente cómo es pasar tiempo con esa persona. Habiendo tantas opciones, es imposible salir con todos los pretendientes para conocerle a cada uno en persona.

¿Qué debes tomar en cuenta al revisar perfiles en línea cuando buscas pareja? Algunos sujetos están tan desesperados que "a todo le tiran" a ver qué sale. No tienen una idea clara de qué buscan. Y ser selectivo es crucial. ¿Entre la prisa y la felicidad cuál eliges?

Un punto importante es la imagen de su perfil. Por una parte, que te resulte atractiva. En el capítulo siguiente encontrarás cuáles son algunos elementos fundamentales en la relación de pareja. No significa que sea la persona más bella o la más sexy, pero sí que haya química y encienda chispas. Lo suficientemente como para que mantengan la flama de la sexualidad encendida. Aunque no podrás constatarlo hasta estar frente a frente, seguramente puedes intuir qué tanto te gustará. Observa todas las fotografías que haya subido y considera la probabilidad de que representen su mejor *look*. Algunos son fotogénicos y otros no. Imagina si luciendo un poco menos agraciado te seguiría gustando. Si al conocerle resulta que luce mejor ¡corriste con suerte!

En este capítulo hiciste una lista de las características imprescindibles que esperas en alguien para hacer pareja. Constátala con el candidato. ¿Cuáles de esos rasgos puedes deducir por la descripción que hace de sí mismo o los temas que le interesan? Muchas personas dirán que son confiables, divertidas o responsables. Y solo algunas reflejarán congruencia con lo que relatan.

Entre más breve es un perfil, menos está mostrando de sí mismo… no quiere revelarse, no tiene el suficiente interés, o no hace el tiempo para buscar pareja. Si toma la iniciativa para escribirte ¿establece contacto con algo personal evidenciando que dedicó atención a tu perfil y le cautivó o simplemente parece haber copiado y pegado un mensaje generalista en serie? Si solamente escribe un "Hola" ¿qué tanto está dispuesto a arriesgarse e invertir en ti? Si tarda demasiado tiempo en responderte ¿qué tan ocupado está o que tanto interés demuestra? Si te reclama que no respondas de inmediato ¿qué tanto control espera tener? No hay un tiempo de espera correcto o incorrecto, pero se trata de encontrar un balance entre las múltiples ocupaciones que alguien pueda tener y la voluntad de hacer espacio para construir una relación estable.

Pon atención en cómo se expresa de otras personas. Aunque te esté contando un acontecimiento aparentemente sin transcendencia, puedes leer o escuchar entre líneas ¿qué te dice acerca de cómo reacciona o de cómo trata a los demás? Puede ser que su intención no sea revelarte que es impulsivo, que suele ser extremadamente celosa o que intenta controlar la relación, que prefiere mentir a enfrentar consecuencias, o que pierde rápidamente el interés cuando algo deja de ser una novedad. Un perfil habla mucho más de lo que quien lo escribió intentaba decir sobre sí mismo.

También es importante no ignorar las posibles incompatibilidades. ¿Cuáles son sus gustos y qué metas tiene? ¿Cuáles son sus valores y creencias? ¿Son compatibles con los tuyos? Una chica estableció contacto con un extranjero, nunca hablaron de dónde querrían vivir y, después de un año en que él se había mudado a la ciudad de ella, le propuso irse a otro país. Ella se resistía a la idea de dejar su tierra natal, pero ¿para qué se buscó un extranjero?

A final de cuentas, las citas virtuales son un primer acercamiento. La prueba de fuego es conocerse y, de ahí, desistir o continuar por el camino.

Capítulo 8

LA DECISIÓN

Necesitamos responsabilizarnos.

Luchando sola ¿Cómo no acepta que a él no le interesa?

El azul claro del cielo despejado pronosticaba un día soleado. El clima había sido bondadoso en los últimos meses y el jardín de la entrada lucía radiante. Predominaban las flores en colores lila, blanco y amarillo. El pasto parecía una tupida alfombra suave y acolchada, de un verde intenso. El peculiar aroma a gardenia que resguardaba la entrada se extendía a lo largo de todo el jardín y se escuchaba el cantar de las golondrinas que laboriosamente construían sus nidos en los alrededores.

Sin embargo, para Rebecca, el edén florido pasaba desapercibido entre tantas cosas que traía en la cabeza. Iba repasando en su mente los pendientes del día para no olvidarse de nada. Caminó hacia el auto para subir algunas cosas, mientras su hija Giselle, de 7 años de edad, la miraba con atención. Pero el ensimismamiento de Rebecca en su agenda del día no duraría mucho, y para siempre recordaría esa escena en el jardín porque las palabras de su hija sonarían contundentes provocando una fuerte sacudida que la despertaría de su letargo:

- ¿Por qué no le dices a papá que ya se vaya de la casa? – preguntó inocentemente a su madre.

Una de las razones por las que se aferraba para no soltar su matrimonio era imaginar que separaría a su hija de su papá. Rebecca había crecido sin su padre y quería evitarle a Giselle ese mismo dolor. En el fondo, ella misma no quería revivir ese sentimiento. Dejar ir a su esposo avivaría la herida por el abandono de su progenitor. Huir de su sufrimiento le cegaba para ver la realidad. Su propia hija era capaz de ver que era infeliz soportando agresiones y menosprecio. Ambas sufrían violencia doméstica física y psicológica, pero solo Giselle era capaz de verlo.

Fue necesario que las reveladoras palabras de su hija lanzadas a modo de cuestionamiento penetraran hasta lo más profundo de su alma y le abrieran los ojos para que se diera cuenta que, al insistir en mantener junto algo que estaba roto, sólo ocasionaba más dolor justamente a quien pretendía evitárselo.

Elementos fundamentales de una relación de pareja.

Si te preguntas ¿qué debes considerar para hacer pareja con alguien? Aquí hay tres puntos para comenzar.

ATRACCIÓN. Es el primer punto esencial en la relación. Ambos tienen que sentir gozo y plenitud en el intercambio sexual. Que se gusten y disfruten el uno del otro. Si no te agradan sus "Michelin" y eso afecta la atracción que sientes, es suficiente para no estar en esa relación. La sexualidad es uno de los principales distintivos de la pareja. Sin esta característica la relación podría tomarse como amistad o mero compañerismo. Hay parejas que prácticamente parecen hermanos o roomates, en lugar de enamorados, porque no hay pasión en la relación.

COMPATIBILIDAD DE PROYECTO DE VIDA. Es necesario que tengan afinidad en cuanto a las reglas de convivencia y la visión de futuro. Si no son compatibles, puede haber serios problemas. Si estás pensando en formalizar tu relación con esa persona ¿para qué quieres vivir con él o ella? ¿Ya revisaste si esa persona pasa el filtro de tu lista de características imprescindibles? ¿Comparaste intereses y metas sugeridos en tema de compatibilidad? Cuando hay demasiada disparidad, se tienen que construir muchos puentes para que la relación subsista durante un tiempo, pero el pronóstico no es muy alentador. No se trata de buscar la perfección, pues de sobra sabemos que es una utopía. Las diferencias pueden enriquecer cuando son positivas y estás dispuesto a nutrirte con ellas.

COMPROMISO. El amor es un acto de voluntad. Se hacen compromisos de respeto, fidelidad, permanencia, solidaridad, complementariedad, prioridad, etc. ¿Cómo cumplen con ello? Aquí no es que "medio cumpla", o "más o menos". ¿Cumple o no? Tal como el chiste: "estoy medio embarazada", estar a medias es permancer en el limbo y no es un compromiso real.

Tomar una decisión.

Hay situaciones difíciles por las que atraviesan muchas relaciones. Algunas de ellas son factibles de solución. Muchas crisis se convierten en un impulso de crecimiento para la pareja. Es precisamente a través de surcar tormentas que un navegante se vuelve experto.

Sin embargo, hay ocasiones en que la ruptura es tal, que no es posible enmendarla. No quisiera hacer una lista de lo que tiene remedio y lo que no, porque cada caso es diferente, cada problema depende de los participantes y del contexto. No obstante, me parece que debe quedar muy claro que, si tu vida o tu integridad están en riesgo, no puedes tomarlo a la ligera: debes alejarte y cuidarte.

Otro foco digno de atención es tu insistencia en el cambio que esperas ver en la otra persona. Cuando externas tus necesidades en pareja y el otro no responde favorablemente, no hay más que hacer.

Ahora bien, es importante diferenciar: una cosa es su manera de ser, y otra su forma de tratarte. No puedes pedir que modifique su personalidad: cómo piensa, reacciona o maneja las cosas en su vida. Hay cosas que simplemente no puedes negociar. Por ejemplo: que tenga más inciativa, que sea más ambicioso y emprendedor, más organizado, menos conformista, menos olvidadiza, que le guste lo mismo que a ti, que sienta ganas de erotizar contigo, que sea defensor de los animales, que disfrute bailar, que deje de beber alcohol, etc. Por más que quieras cegarte ante la realidad manteniéndote con quien no te gusta, esperando que se convierta en tu doncella o príncipe azul, necesitas abrir los ojos y ser honesto contigo ¿Cuánto tiempo de tu vida quieres perder quejándote porque el olmo no te da peras?

Es válido pedirle que deje de criticarte, que no altere de útlima hora los planes que hicieron, que sea puntual en los compromisos que hacen, que dedique un tiempo para estar juntos, que cumpla con los acuerdos que han hecho, que colabore en las tareas del hogar o en las finanzas, que no te grite, que te escuche, que te acompañe a reuniones familiares, que baile contigo en las fiestas, que no haga comentarios negativos sobre tu familia, que no coquetee con otras personas, etc. Sus acciones no están bajo tu control, pero sí la decisión que tomes si él no mejora. Si acepta y cumple ¡qué bueno! Si se niega, estás en tu derecho de marcharte. ¿Qué caso tiene quedarte para exigir y quejarte? Si acepta y no cumple en un tiempo razonable ¿seguirás esperando eternamente a que cumpla con su palabra, aunque sus acciones te digan lo contrario?

Los rasgos que anotaste en tu lista de lo imprescindible no son negociables, si el candidato no cumple con alguno de esos, no hay más que hacer. Son características que definen el tipo de persona con quien quieres compartir tu vida, y si faltan no serás feliz. No te engañes. Si tu queja va más allá del trato que te da, tal vez es porque no es la persona indicada para ti. No hablamos de características universales que todos deberían esperar, sino de lo que tú escribiste, tu traje hecho a la medida, tu lista de lo que quieres en una relación de pareja.

Si decides que con quien estás no es realmente el tipo de persona que quieres para ti, y terminas esa relación, o si estás leyendo este libro por una separación reciente, es importante que sepas que probablemente será un paso muy difícil.

El duelo.

Dependiendo de qué tan enamorado o acostumbrado estabas a convivir con esa persona, y qué tan dispuesto estés a fluir con tus emociones, el duelo puede ser breve o extenderse por muchos años.

No existe una norma acerca de cuánto tiempo debe durar, incluso, aunque se han clasificado sus etapas, no necesariamente se atraviesa por ellas en un orden particular. Hay quien se la pasa un tiempo oscilando entre el enojo y la tristeza, pues son primas hermanas. Nuestra ira encubre nuestro dolor, y es más fácil de sobrellevar que ser arrollados por la pena. A veces, más que seguir un ciclo específico, pareciera que serpenteamos entre las distintas etapas del duelo posteriores a la crisis.

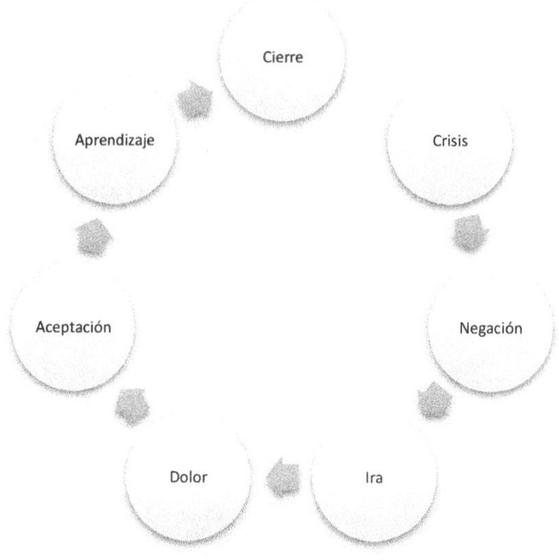

CRISIS. Es un suceso de pérdida que implica cambios en la vida. Puede ser repentino o anunciado con anterioridad, pero la naturaleza de toda pérdida es el impacto por el cambio indeseado que genera. No importa si hay mayores beneficios, al perder algo o a alguien, experimentamos una serie de emociones que pueden vivirse con bastante intensidad.

NEGACIÓN. Al enfrentar una repentina pérdida significativa, podemos entrar en un periodo de entumecimiento ante el evento, como si estuviéramos bajo los efectos de la anestesia. La duración de esta fase puede variar, desde ser prácticamente instantánea hasta prolongarse indefinidamente. Es como si no termináramos de creer lo que lo que ha sucedido es verdad. La característica principal es la ausencia de una reacción emocional, como mecanismo de auto-protección. Tal como cuando sufrimos la fractura de algún hueso en el cuerpo, experimentamos una falta de dolor inicial que nos permite actuar por si necesitáramos escapar de algún peligro.

IRA. Al igual que la negación, esta etapa puede pasar un poco desapercibida, o de plano instalarse notoriamente. Si la pérdida ocurrió bajo circunstancias fuera de tu control e, incluso, fuera del control del otro, es posible que experimentes ira contra la vida, el destino o Dios. Te enfocarás en lo injusto de la situación, alimentando tu enojo. Si la pérdida fue por decisión, ya sea tuya o del otro, la tendencia será repasar en tu mente los recuerdos de aquellos momentos desagradables o enfadarte por los sueños robados. Probablemente tomarás a alguien como depositario de la culpa, adjudicándole la responsabilidad por tu pérdida. Si la relación era tóxica, este paso es útil para resistir la tentación de regresar.

DOLOR. Esta es la fase más difícil de todas. Algunas personas no logran superarla y se quedan en la depresión. Otros van y vuelven a la relación, incapaces de soltarse mutuamente. Regresan con alguien que saben que no les conviene, porque el sufrimiento de mantenerse infeliz les puede parecer más llevadero que dejarse sentir el dolor de la pérdida. La nostalgia puede pesar como un tormento que ahoga. Si la pérdida ha sido sumamente significativa, si perder a tu cónyuge es devastador, puedes incluso llegar a sentir casi que te mueres. Y, en cierto modo, es una muerte. Muere la relación y, con ella, una etapa de tu vida, un ciclo, un estilo de vivir. Las cosas ya no serán como antes, te enfrentas con un cambio radical.

Si detienes el llanto, si evades la tristeza, seguirá dentro de ti y aflorará nuevamente ante la más mínima provocación. Como las emociones no solamente tienen un lado psicológico, sino también fisiológico, y generan cambios bioquímicos en el cuerpo, podemos suponer los efectos que guardar una profunda aflicción puede desencadenar. Paradójicamente, quien se resiste, se mantiene en el sufrimiento. Como las arenas movedizas, mientras más luches por salir, más te hundirás. Intentar evitar sentir el dolor te mantendrá hundido en él.

La salida de toda emoción está en su centro, no en sus bordes. La expresión natural del dolor es el llanto. Entre más te abras a este, más breve será su paso. Imagina un gran contenedor con agua en su interior, en cuya parte inferior hay un grifo que regula la salida del líquido. Si lo dejas cerrado por demasiado tiempo, podría enmohecerse. Si lo abres un poco, el chorrito será poco notorio y se llevará algún tiempo en vaciarse. En cambio, si lo abres por completo, saldrá en gran volumen y con mayor rapidez. De la misma manera, si te resistes prolongarás tu tormento. Si te entregas al dolor que sientes sin obstaculizarlo, terminará más pronto. Permítete soltar el llanto cuanto necesites, hasta que salga la última lágrima y, entonces, ya no habrá más que llorar.

ACEPTACIÓN. Conforme el dolor se va agotando, va dando lugar a la aceptación. Eres capaz de superar lo ocurrido porque reconoces el lado positivo, valoras lo que tienes ahora, agradeces las bendiciones que has recibido. Tal vez viviste unos años de dulzura, compartiste momentos especiales, tuviste la oportunidad de disfrutar aquello que guardarás en tu memoria. ¿Qué es mejor, haber tenido un gran amor y haberlo perdido, o nunca haber conocido el amor? ¿Haber compartido un breve instante en el tiempo con alguien o nunca haber experimentado esa felicidad? Toda pérdida nos regala una bendición a cambio, pero no podremos reconocerla hasta que dejemos de renegar de la realidad que nos ha tocado vivir. Una vez sueltas la idea de lo que debería ser, puedes abrazar lo que es.

APRENDIZAJE. Justamente cuando aceptamos la realidad y reconocemos que no tenemos el control absoluto, podemos aprender de lo ocurrido. ¿Cuál fue tu responsabilidad en el camino que tomó esa relación? ¿Cuáles fueron tus errores y qué pudiste haber hecho mejor? Así sea desde haber hecho una mala elección, hasta una lista de decisiones subsecuentes que pudiste haber reflexionado con más detenimiento y considerando más elementos. ¿Qué harás diferente de aquí en adelante? Si le perdiste porque murió ¿cómo honrarás su recuerdo? ¿Cómo querría verte continuar tu vida? ¿Qué esperaría realmente esa persona de ti? ¿Qué querría que hicieras en adelante?

Cerrar el ciclo.

Algunas personas tienen serias dificultades para cerrar ciclos. Les cuesta mucho trabajo soltar y dejar ir. Tras la separación de un matrimonio, el siguiente paso lógico y saludable es el divorcio. He tenido pacientes que tenían más de una década de no vivir con su cónyuge y, sin embargo, seguían unidos legalmente. Algunos simplemente daban largas para no sentir el vacío de soltar definitivamente. Una mujer dijo que no quería dejar a su expareja libre pues no quería que se casase con otra mujer. La pobre no se percataba de que ella misma se privaba de ser y sentirse libre.

Recuerdo el chiste de Pepito, que fue a un burdel y pidió ser atendido por la prostituta más enferma del lugar. Después de que la recepcionista intentara persuadirlo sin conseguirlo, argumentando que ahí cuidaban la salud de su personal, él explicó: "Después de que yo tenga relaciones con esa chica, me voy a contagiar. Entonces, el enfermo voy a ser yo. Luego, iré a casa y me acostaré con la mujer del aseo, y la enferma va a ser ella. Ella tendrá relaciones con mi padre y el enfermó será él. Mi padre se acostará con mi madre y ella enfermará también. Al final, mi madre tendrá relaciones con el lechero… ¡y ese hijo de p… que se joda!". Dejando de lado la parte machista de la historia, podemos ver que Pepito se sacrificó a sí mismo y se llevó entre las patas a varios, buscando vengarse del lechero. Así esa mujer se sacrificaba y dañaba a sus hijos para perjudicar a su exmarido.

Si vas de visita a casa de un amigo para tomar un café y charlar, cuando llega la hora de irte ¿qué haces? Probablemente agradeces por el café y el rato ameno que compartieron, te despides y te marchas. ¿Qué pasaría si te quedaras ahí parado en la puerta? Ni te quedas, ni te vas realmente. A medio camino, ni él podrá recibir más visitas, ni tú podrás ir a visitar a nadie más. El punto final nos permite inicar otra etapa. No solo se complica inicar con buenas bases una nueva relación de pareja cuando no has concluido una anterior, sino que puede, incluso, afectar otras áreas de tu vida. Un querido amigo no podía terminar su tesis de doctorado por años, hasta que tramitó su divorcio, su trabajo de investigación fluyó y pudo entregar sus resultados.

No podemos ir dejando pendientes por el camino, como grilletes que nos atan al pasado. Si esa relación ya terminó ¿has hecho lo necesario para poder cerrar el ciclo y tener paz?

Cuando luchar por tu relación.

Si estás convencido de que esa persona es justamente lo que quieres, ha pasado por el filtro de lo imprescindible en tu lista y sólo restan cosas que se pueden negociar, entonces es momento de tomar una decisión. Uno de los requisitos es que ambos quieran en verdad esforzarse por mejorar. Y que lo demuestren con hechos. ¿Estás dispuesto a dar tu mejor esfuerzo para convertirte en la mejor versión de ti mismo? ¿Tienes la fortaleza para asumir tu responsabilidad y corregir lo que te toca?

Ahora pasarás a la etapa en que te conviertes en un mejor novio, novia o cónyuge, independientemente de si tu pareja mejora, o no, lo que le toca. La decisión de permanecer juntos la toma cada uno, cada día. No es algo que decidas un día y se prolongue para toda la vida. Debes decidirlo diariamente.

Cada día debes identificar si quieres o no continuar en esa relación. Si la respuesta es que sí quieres permanecer, y el otro demuestra con hechos que también quiere, entonces te toca comenzar el cambio que esperas. Si tú mejoras y el otro no pone su parte, entonces no habrá más qué hacer. Pero necesitas dar el primer paso.

Comenzar el cambio.

Las distintas tonalidades de verde de las abundantes plantas daban un toque especial al lugar. Macetas redondas, de barro, de talavera, de piso, colgantes, etc. Se trataba de una casa antigua en el centro de la ciudad, con un patio central y varias habitaciones alrededor. Había sido acondicionada como clínica de servicios psicológicos para que los estudiantes de útlimo grado pudiéramos hacer prácticas profesionales.

Un compañero y yo esperábamos en la recepción para conducir la terapia con un grupo de niños. No recuerdo exactamente cómo inició el tema de conversación, pero lo que me contó aquel día sigue grabado en mi memoria. Me confió que solía tener muchos problemas con su esposa y que un día tomó la decisión de no volver a gritarle, ni decirle nada negativo, aun cuando ella sí lo hiciera.

- ¿Sabes cuánto tiempo pasó, desde que yo dejé de decirle cosas negativas hasta que ella también lo hizo? –exclamó.
- No – respondí ansiosa por escuchar su respuesta.

- Cinco meses –contestó. Y se hizo un silencio prolongado.

¡Cinco meses! No dijo cinco semanas, ni cinco días. ¡Ya no digamos cinco horas que sería un reto para muchos! La tranquilidad que reflejaba invitaba a intentar hacer lo mismo. Es inspirador escuchar o leer a alguien que nos dice que basta con que te pongas bien los pantalones y seas una dulzura con tu pareja a pesar de que te aviente el molcajete a la cabeza, para que tu matrimonio se componga y vaya viento en popa. ¡Si las relaciones dependieran sólo de una persona…!

Hay autores que nos sugieren empezar el cambio en lugar de esperar a que el otro lo haga. Y tienen razón. Pero, como ya lo vimos, no aplica para todas las situaciones, si el otro no quiere, puede que no haya solución. Especialmente cuando la relación es tan tóxica que tu estabilidad emocional o tu vida corren peligro, necesitas marcharte por tu bien.

Lo cierto es que ambos influimos, ambos ponemos cada uno nuestra parte para que vaya por el camino por el que va. Y no podemos ni tomarnos todo el crédito por el caos, ni culpar al otro y atribuirle toda la responsabilidad.

Pero también es verdad que, en una relación de dos, nos influimos mutuamente. Si estás convencido de que es la persona adecuada para ti, entonces esfuérzate y no desistas rápidamente. Cada situación es diferente. A veces, por más empeño que pongas, estarás sembrando en tierra estéril. Otras veces, podemos desesperarnos justo un instante antes en que iba a dar fruto nuestro esfuerzo. Procura tener claridad para que encuentres la motivación suficiente para luchar hasta ver resultados, sin sacrificar tu felicidad tocando puertas que jamás se abrirán.

Prioridades.

En los sistemas familiares, el tiempo suele ser un indicador de los niveles de jerarquía. Cuando invertimos el orden, surgen problemas en el sistema. El tiempo que dedicas a cada quien, los recursos que inviertes, la atención que brindas, etc. te dice cómo están tus prioridades.

A continuación, tienes un cuadro sobre cuál debe ser la prioridad en las relaciones según la etapa de la vida para fomentar la armonía.

Solter@	Matrimonio
1. Padres	1. Pareja
2. Hermanos	2. Padres, suegros
3. Parientes	3. Hermanos, cuñados
4. Amigos	4. Parientes
5. Compañeros	5. Amigos
6. Conocidos	6. Compañeros
7. Resto del mundo	7. Conocidos
	8. Resto del mundo

Familia nuclear	Familia compuesta
1. Pareja	1. Hijos con la pareja anterior
2. Padres, suegros	2. Pareja actual
3. Hijos	3. Hijos en común
4. Hermanos, cuñados	4. Padres, suegros
5. Parientes	5. Hermanos, cuñados
6. Amigos	6. Parientes
7. Compañeros	7. Amigos
8. Conocidos	8. Compañeros
9. Resto del mundo	9. Conocidos
	10. Resto del mundo

Cuando somos solteros, el primer lugar lo ocupan los padres, si hay hermanos, ocupan el segundo lugar. En cuanto formamos pareja y la relación se vuelve formal, esa persona se convierte en una prioridad, y los padres pasan a segundo lugar. Todas las demás personas se recorren un lugar abajo. Si se tienen hijos, éstos ocupan el segundo lugar, después de la pareja, y los padres se recorren al tercero, y así todos se vuelven a mover un lugar abajo en la escala de prioridades.

En el caso de la familia compuesta o reconstituída, las cosas son algo diferentes, pues la prioridad son los hijos de parejas anteriores, en segunda posición está la pareja actual, los hijos en común estarían en tercer lugar, y los padres se mueven al cuarto lugar.

Resulta obvio que los hijos pequeños necesitan más cuidados y atenciones, para lo cual requerirás sustraer del tiempo que solías dedicar a tu pareja. Pero si te interesa que tu relación de pareja no fracase debido a la mala distribución de prioridades en la paternidad, necesitas mostrarle a tu pareja lo mucho que te importa y el lugar que tiene en tu vida, a pesar de que no dispongas del mismo tiempo que antes. Conforme los hijos crecen, necesitan menos atenciones y más libertad. ¿A quién pones primero?

Si tu hijo pequeño estuviera hospitalizado y tu cónyuge estuviera internado en otro hospital del otro lado de la ciudad ¿con quién de los dos deberías estar? Si ese hijo que está en el hospital ya es adulto ¿con quién deberías estar, con tu hijo o con tu esposo/a? Hay personas para quienes un hijo llega a ocupar un lugar más importante que la pareja. El mensaje es "para mí, tú eres mejor que tu padre/madre". Esa preferencia se convierte en una pesada carga para este hijo. Como ya hemos visto, los hijos necesitan ver a sus padres como un pilar en el cual recargarse para tomar fuerza.

Otras personas sienten que tienen que competir con los suegros porque la atención de su pareja está enfocada en sus padres, o que son relegadas por los amigos. Un cónyuge de segundas nupcias necesita aceptar el hecho de que nunca será el primero en la vida de su pareja, para poder disfrutar plenamente su presente.

Los órdenes del amor en la pareja.

Existen ciertos principios que deben cumplirse para que las relaciones se nutran y crezcan en armonía. Bert Hellinger, quien aprendiera el método terapéutico de las Constelaciones Familiares y lo difundiera por el mundo con su peculiar estilo, hizo una gran aportación: los órdenes del amor. Éstos son las condiciones necesarias para que las relaciones logren su función.

No se trata de leyes universales, pues recordemos que cada caso depende del contexto en el que se ubica. Sin embargo, constituyen una buena guía a tener en consideración, sin descartar las circunstancias de cada situación.

1. Tomar a la pareja tal cual es, con su historia. Sin pretender cambiar su pasado personal o familiar, sin juzgarlo.

2. Amar y respetar a la familia del compañero como si fuera la propia. Los suegros ocupan el mismo rango que los propios padres, y los cuñados el de nuestros hermanos.

3. Tomar de sus respectivas familias de origen sólo lo que es adecuado y sirve a la relación, y respetar lo que se deja. Dejar de buscar ser una réplica de sus padres y formar una nueva familia con su propia manera de hacer las cosas. No es mejor tu familia que la suya, ni al revés.

4. Ambos deben ser adultos. Es decir, adultos sin implicaciones con sus respectivas familias que los hagan permanecer como niños. Es necesario haber sanado las heridas de la infancia y estar en paz con los padres, para no engancharse con el otro esperando que cubra expectativas que no le tocan.

5. El nuevo sistema tiene prioridad. Al formar una nueva familia, la nuclear, dejas atrás tu familia de origen. Las necesidades de la pareja y los hijos están primero, los padres pasan a segundo término.

6. Igualdad de rango. La pareja es una relación entre iguales, mismo rango, mismo nivel jerárquico. Este punto lo revisaremos más adelante en el capítulo 9.

7. Consumación en la sexualidad. Lo que diferencia a la pareja de otras relaciones simétricas como son amistad, hermandad, o compañerismo, es precisamente que el vínculo se fortalece a través de la sexualidad. Si no hay intercambio sexual y viven bajo el mismo techo, bien podrían ser "roommates" (compañeros de cuarto), como lo vimos al inicio de este capítulo.

8. Se pide y se concede con amor y respeto. Como son iguales, no cabe la exigencia, el regaño, etc. No puedes mandarle o hablarle de la misma manera que le hablarías a un hijo. Las cosas se piden, no se exigen. De igual manera, se concede, no te sometes ni te impones.

9. Dar y tomar en el mismo peso, aunque sea en distinta especie. El intercambio debe ser equilibrado. El desbalance surge cuando se da más de lo que se toma, o viceversa. Si das demasiado, generarás una deuda impagable en tu pareja y lo único que le quedará será marcharse con un gran acto de injusticia. Este punto lo revisaremos con mayor profundidad en el capítulo 10.

10. La mujer sigue al hombre, y el hombre sirve a la mujer y a los hijos. Esta frase puede parecer demasiado conservadora o sexista, pero trata un tema importante. El hombre necesita tener empuje y suele sentirse realizado cuando puede salir a "cazar el mamut". La mujer suele sentirse plena en la maternidad. Aquí la expresión "El hombre es la cabeza y la mujer el corazón". En una relación heterosexual, el hombre busca el reconocimiento, y la mujer espera atenciones. Ellos suelen usar más la lógica y nosotras la emoción. Esto no significa que siempre deba ser así para funcionar, pero es un rasgo común.

11. La relación de pareja tiene prioridad sobre la paternidad Primero la pareja, y después los hijos, como ya lo vimos.

12. Establecer y cumplir las normas de convivencia. Esta parte es complicada, solemos dejarlo al tiempo y a la adivinación. Asumimos que lo que es válido para nosotros lo será para el otro. No clarificamos cuáles serán nuestras reglas y, por lo tanto, quedan confusas para ambas partes. Es probable que cada uno pretenda

continuar con las mismas reglas que aprendió en su casa, mantener los mismos valores. Pero es necesario crear un nuevo código que no será idéntico a ninguno de los de sus respectivas familias de origen, porque será el de esta nueva familia.

La importancia del contexto.

Iba sola en mi auto, rumbo a casa, cuando recibí la llamada de Jennifer, una buena amiga a quien estimo mucho. Su voz sonaba bastante alterada. Me contó que estaba harta de que Ron, su exmarido, ingorara los acuerdos en cuanto al cuidado de sus hijos, de 13, 11 y 5 años, durante el tiempo de convivencia con él. La gota que derramó el vaso de su ira y frustración fue que Ron, habiendo llevado a los niños a la playa para pasar ahí el fin de semana, había "roto literalmente todos los acuerdos". Entre varios puntos con los que violó las reglas estipuladas, además de no encargarse de vigilar que hicieran sus deberes escolares, los había dejado sin ninguna supervisión en el mar. Su turbación se debía a que dudaba acerca de tomar una decisión determinante y limitar la convivencia de sus hijos con su padre.

Como buena terapeuta, Jennifer no puede ignorar los principios sistémicos que ha aprendido. Incuestionablemente, solemos incorporar los aprendizajes en nuestras propias vidas y procuramos vivir el ejemplo que predicamos.

Por lo tanto, la duda la asaltaba: "¿no estaría interfiriendo y afectando la relación de sus hijos con su padre?". No quería provocar alienación parental. Definitivamente no sería ella quien les causara daño, pero no sabía qué hacer para que él tampoco se los causara ni pusiera en riesgo su estabilidad.

Efectivamente hay un principio sistémico que señala: "La madre debe dejar que los hijos vayan al padre". Es decir, que no obstaculice el amor que le tengan. Si lo tomamos literal y hacemos una generalización, entonces todas las madres estamos obligadas, por el bien de nuestros pequeños, a fomentar que convivan con su papá. Esto incluiría a los hijos de padres que abusan sexualmente de ellos, que los golpean brutalmente, o que los humillan haciéndolos sentir poca cosa. Si pensamos en esos tres ejemplos, cualquiera en su sano juicio exclamaría que no puede ser lo correcto ¿verdad?

Como lo vimos anteriormente, es por nuestro bien que necesitamos estar en paz con nuestros padres. Pero esto no significa que, si son tóxicos, debamos convivir con ellos. Tomarlos es agradecerles, honrarlos y respetarlos, sin juzgarlos o negarlos. Si puedes hacer eso en la distancia, no es necesario que te expongas en la convivencia. Aunque no necesariamente significa que, por ser tóxicos, debas alejarte y no verlos o hablarles nunca más.

Solamente tú puedes saber cuál es la particularidad de tu situación. Lo que es importante es que, independientemente de si los ves o no, de cada cuándo los ves o dónde los ves, puedas sentir paz y amor en tu corazón. Que no los veas para usar el tiempo en discutir, reclamar, culpar o justificarte. Que si los ves puedas mostrarles tu agradecimiento y disfrutar su compañía.

De igual manera, hablando de la relación de pareja, como cualquier otra relación, el contexto nos indica de qué manera es saludable aplicar cada uno de los principios sitémicos.

Por ejemplo, si tu cónyuge restringe los gastos y se rehúsa a ir en familia a comer a un restaurante porque quiere cuidar el dinero; pero con sus padres va a desayunar fuera cada semana y paga la cuenta del restaurante… Entonces, está invirtiendo las prioridades y está fallando en un principio importante.

Si, en cambio, cancela un día la comida en un restaurante contigo y los niños porque su padre está enfermo en el hospital… No es que esté alterando el orden, o que su papá esté por encima de ustedes, es que el contexto lo amerita y, en ese momento, hay una situación de salud que es más importante que una diversión.

En el ámbito humano es común encontrar excepciones a la regla. Los principios son faros que nos guían en el camino, pero no son leyes a seguir sin sentido. El contexto nos informa acerca de cómo adaptar cada uno de éstos.

Espero no tomes las sugerencias contenidas en esta obra como reglas inflexibles que hay que cumplir a rajatabla, sin importar qué; sino que te sea útil para comprender cómo has llegado al punto en el que estás y cómo avanzar hacia donde quieres estar.

Capítulo 9

LA ORGANIZACIÓN

Desde nuestro propio lugar las cosas funcionan mejor.

Fuea de lugar ¿Cómo no ve su parte?

El ambiente irradiaba vida y movimiento dentro de un marco de tranquilidad en un cálido día de verano. El bosque lucía un verdor especial debido a la lluvia constante. El agua del estanque reflejaba el suave impacto de las pequeñas gotas sobre su superficie, que la volvían algo turbia y dificultaban poder ver los peces. Una familia de venados paseaba por los alrededores de la casa. La madre y sus dos pequeños se acercaron a unos escasos dos metros de mi ventana y luego continuaron su camino.

Tomé de entre una pila de carpetas rojas el expediente de Marissa. Me senté en el sofá junto al gran ventanal de la sala, cerca de la chimenea, y encendí mi laptop. Mientras esperaba para conectarme en línea con ella revisé el registro de la sesión anterior para recordar qué habíamos trabajado y cuál había sido la tarea que le había indicado para la semana. Repasé su genograma con el motivo de consulta en mente para detectar posibles dinámicas o implicaciones que hubieran escapado a mi atención hasta ese momento. El sonido de invitación a videoconferencia timbró y me alegró ver el rostro de esta mujer tan comprometida consigo misma y con su matrimonio.

Marissa había sufrido una infidelidad por parte de su esposo. Mientras me narraba lo que había sido un día cotidiano para ella, pude percibir que su manera de hablarle al marido parecía más bien el modo en que una madre le hablaría a su hijo. Lo regañaba, le decía qué hacer y cómo debía hacer las cosas, lo aconsejaba, etc. Hasta cuando se trataba de pedirle algo sencillo, como cuando estaban juntos en la cocina mientras ella cocinaba, ella emitía una orden como "pásame la sal" con tono contundente, sin percatarse de lo que algo así implica. En esta ocasión, su queja fue que él había reprendido a su hijo por "no pensar las cosas antes de hacerlas y meterse en problemas". Enojada había reclamado: "Deberías aplicarte tu propio consejo, antes de regañar al niño" invalidando su autoridad como padre y su lugar de esposo al mismo nivel que ella.

- ¿Qué hiciste en ese momento al hablarle así? –le pregunté.
- Le reclamé. Es que ¡me dio mucha rabia que le dijera al niño que piense las cosas antes de hacerlas cuando él mismo no lo pensó antes de acostarse con esa mujer! –se desahogó.
- Entiendo. Y veo que todavía estás muy dolida – le dije.
  Sí –contestó con la voz quebrada a punto de soltar en llanto.
- Y ya están trabajando juntos en terapia para reparar el daño y construir una nueva relación –agregué.
- Sí –asintió.
- Pero cuando tú le reclamas y lo aleccionas frente a tu hijo, lo estás anulando en su autoridad como padre, por una parte. Y por otra, también lo estás regañando a él y le estás diciendo lo que debería hacer. En términos generales, en una familia ¿a quién le toca regañar a quién? –insistí.
- Los papás a los hijos –contestó.
- Exactamente. Y cuando tú regañas a tu marido ¿en qué lugar te estás colocando? –cuestioné.
- Como su mamá –respondió.
- ¿Y cuál es el lugar que te toca? –le pregunté.
- El de esposa –admitió.

- Cada vez que lo regañas, lo corriges, lo aconsejas, lo sermoneas, le dices qué debe hacer o cómo debe hacer las cosas, te colocas en el lugar de su madre –aclaré.

Este estilo de comunicación era un patrón entre Marissa y su consorte. No era una conducta aislada producto de la reciente infidelidad sin resolver. Marissa había aprendido desde niña a hacerse cargo en casa de asuntos que no le competían como hija. Estaba acostumbrada a preocuparse por sus padres, a cuidar a sus hermanas, etc. Y así, sin darse cuenta, llevaba esta actitud de mamá a su vida conyugal.

Después de aclarar que ella no era culpable de la infidelidad de su marido, pero que sí era partícipe de un círculo vicioso que los había llevado a buscar ayuda, y aprovechando que estábamos en sesión individual, le dije algo bastante fuerte para sembrar en ella una imagen en la que pudiera apoyarse para recordar la importancia de tomar su propio lugar.

- Cada vez que te portas como mamá de tu marido, imagina que lo arrojas a los brazos de otra mujer –sentencié.

Un pseudo lugar.

Cuando ocupamos un lugar que no nos corresponde en relación con alguien, nuestro verdadero sitio queda vacío. Cuando actúas como padre de tu compañero, dejas una vacante. El otro pierde a su pareja y, en su lugar, tiene un sustituto de padre o madre. Las probables consecuencias pueden ser, entre otras, que se comporte de manera infantil y deposite en ti responsabilidades que no te corresponden, que se mantenga frío o distante, que pierda el apetito sexual contigo o que tenga una aventura.

Que sea lo común no significa que sea lo más saludable. Sólo una mujer con actitud infantil busca que alguien más se haga cargo de ella como si fuese una niña. Se queda con un pseudo-papá proveedor o protector pagando el precio de someterse a su control.

Sólo un hombre con asuntos familiares pendientes se mantiene en una relación con una pseudo-mamá para luego buscarse una amante. Ya sea que tenga "mamitis", que todavía no haya podido resolver el duelo de su muerte, que se sienta culpable porque ella sufrió mucho o que esté en franca rebeldía. Mientras no resuelva el problema de raíz, con su madre, lo reflejará en sus relaciones amorosas.

Un hombre que ha dejado de ser niño no acepta que su pareja se comporte como su madre, pero tampoco la hiere traicionando su confianza y lacerando su autoestima, ni deja las cosas inconclusas. Un hombre adulto, diferenciado de su madre, enfrenta las cosas y hace lo posible para solucionar el problema. Si ve que no tiene arreglo, termina esa relación y no pierde su tiempo.

El juego de las sillas.

Joel fue criado por sus abuelos como si fuera su hijo. Cuando por primera vez le dijo "mamá" a su abuela, nadie lo sacó de su error. Creció llamando hermanos a sus tíos, incluida su propia madre. Joel no encontraba su lugar y no respetaba a la autoridad. Tampoco podía tener una pareja estable. En el fondo, sospechaba la verdad.

En la cultura Latinoamericana tenemos la costumbre de llamar "papi" o "mami" a la pareja o, peor aún, a los hijos. Si se tratara solamente del nombre, probablemente no habría mucho problema. La cuestión es que, además de la carga emocional que conlleva cada arquetipo, suele acompañarse de otros comportamientos que alteran la jerarquía.

Una mujer viuda puede decirle a su hija que salude al tío abuelo diciéndole "papá", entonces, en la imagen familiar de la pequeña, por más que no le oculten que su verdadero padre murió, se confundirá. En la niñez somos especialmente vulnerables a este tipo de alteraciones.

Como no es posible ocupar dos lugares a la vez para alguien, o que dos personas ocupen un mismo puesto, la consecuencia es que desatendemos el propio.

Conforme va quedando cada sitio vacío, alguien más deja el suyo para cubrir la vacante, y así continúa la cadena de lugares revueltos como si fuera el juego en el que nadie está en su silla.

En ocasiones es muy difícil resistirse a tomar el rol de "madre" o "padre" de uno de tus padres cuando éste tiene la tendencia a apoyarse en ti. El hijo parentalizado brindará su ayuda, aunque esto implique su sacrificio.

Por ejemplo, tu madre te llama por teléfono para contarte que habrá una reunión familiar en la que estará su hermano con quien tiene conflicto, y te pregunta si crees que debe ir o no. O tal vez te cuenta los problemas que tienen entre ella y tu padre. Si tu padre te pide que te hagas cargo de sus deudas, o espera que lo mantengas económicamente, está invirtiendo los roles jerárquicos.

El precio por pagar será tu infelicidad, pudiéndote costar tu relación de pareja. No puedes aconsejar o regañar a tus padres sin que la factura de hacerlo te salga cara y, peor aún, sin que pases la factura a tus propios hijos.

Tal vez tu madre se comportaba como si fuera tu hija o tu amiga, se mostraba necesitada, era depresiva, distante, tuvo un favorito o te maltrató. Si te faltó su amor o su protección y sientes que no estuvo realmente presente, es probable que tu hija se ponga en ese lugar, tratará de cuidarte y estar al pendiente de ti. A su vez, a ella le faltará madre, porque como tú y ella invirtieron los papeles, ahora el lugar de su madre ha quedado disponible. Si llega a tener una hija, ésta intentará ocupar tu lugar para cuidar a su madre…

¡¿Cómo no vas a ayudar a tus padres?! No se trata de nunca hacer nada por ellos, o de negar cualquier tipo de ayuda.

Sin embargo, es distinto ayudar desde la posición de hijo, que rebasando los límites que impone una relación complementaria en la que uno tiene mayor jerarquía que el otro. Recuerda: los padres dan y los hijos toman.

Imagina que retiras el motor de un automóvil y lo colocas sobre el asiento trasero del mismo. ¿Qué ocurrirá? El coche fue diseñado para transportarnos, pero si el motor no está en su lugar, éste no avanzará. De la misma manera, si intercambiamos el volante con una de las llantas tampoco servirá de mucho.

¿Te subirías a un avión si supieras que se han colocado mal las piezas en su ensamblaje? ¿Por qué? Para que el avión vuele y sea seguro viajar en él, es necesario que cada pieza haya sido ubicada en el lugar exacto.

De la misma manera, para que las relaciones crezcan en armonía y logren la función para la cual están diseñadas, es necesario que estemos en el lugar que nos corresponde. Es decir, que actuemos según el tipo de relación.

Como ya lo vimos en el capítulo cuatro, con tus padres te toca ser hijo, no puedes pretender corregirlos, ellos tienen mayor jerarquía que tú. Tampoco puedes protegerlos ni controlar su vida, aun si buscas su bienestar cuando es en contra de su voluntad solo sufrirás por meter las narices donde no te toca. Con tus hijos debes ser el grande, no puedes dejar en ellos las responsabilidades que te corresponden. Con tus hermanos te toca ser hermano, apoyarse desde el mismo nivel, tampoco puedes cuidarlos como si fueran tus hijos. Y con tu pareja necesitas ser pareja, acompañarse como iguales, tienen el mismo rango.

Haz un ejercicio durante una semana. Diariamente, por las noches, revisa qué lugar ocupaste de manera simbólica en relación a ese familiar con quien tienes problemas en este momento. Ubica al menos una cosa que hiciste fuera del rol que te toca, algo que no te compete o que hiciste de una manera equivocada. Una vez que lo tengas claro, piensa qué habrías podido hacer en esa situación si hubieras actuado desde tu sitio.

Cuando dejo este ejercicio de tarea a mis pacientes, constato con satisfacción cómo empiezan a identificar las conductas que realizan fuera de su rol, y cómo también comienzan a realizar los cambios necesarios para lograr una mejor relación con la otra persona. Dicen que *el "hubiera"* no existe, pero en la medida en que repasamos el pasado para crear alternativas de respuestas diferentes, estamos entrenando a nuestra mente para saber cómo reaccionar en el futuro.

Capítulo 10

EL BALANCE

La relación de pareja debe ser pareja.

El malestar ¿Cómo sigue dando de más?

Zara era una chica inteligente y autosuficiente. La recuerdo en la universidad como una alumna sobresaliente que aprovechaba los descansos para leer y que solía participar en clase con comentarios bien pensados y estructurados. Hacía tiempo que se había separado de su anterior pareja y se había dedicado por completo a su hijo y a su trabajo. Era la más joven integrante de un despacho de arquitectos y su carrera iba en ascenso.

Un día Zara me llamó por teléfono para consultarme. Tenía una nueva pareja y parecía estar muy emocionada, se trataba de un joven amable, considerado, atento, respetuoso que había conquistado su corazón. Sin embargo, había algo en su voz que no cuadraba con la situación. Escuché la historia acerca de cómo se conocieron a través de una página de citas por internet. Dave era extranjero y, desde que entablaron relación, se comunicaban a diario por llamada o videoconferencia. Había venido a visitarla en un par de ocasiones, las cosas parecían estar fluyendo y avanzando. Pero, en este último viaje que estaba programado para una duración de dos semanas, él había prolongado su estadía indefinidamente.

- Es súper atento y juega mucho con mi hijo. A mis papás les cae muy bien y mis amigas dicen que soy muy afortunada.
- Eso es con ellos, ¿Y contigo?
- Me gusta mucho. Todo va bien y no sé por qué tengo esta sensación de que ya quiero que se vaya, que se regrese a su país.

Dave estaba rentando temporalmente una casa por la zona, para estar cerca y poder verse. Estaba a la espera de su visa estadounidense y, mientras tanto, continuaba trabajando en línea.

Después del trabajo en la oficina, Zara recogía a su hijo de la escuela y después pasaba por Dave para ir a casa. Ella se dedicaba a cumplir con sus pendientes en el hogar y atendía a su hijo, mientras él estaba de visita. Le hacía compañía a Zara y colaboraba en lo que podía, se ofrecía a poner la ropa a lavar, a jugar con el niño, etc. Más tarde, ella lo llevaba al lugar que rentaba, a veces entrada la noche, para luego ir un rato al gimnasio, y terminar la jornada regresando a casa y dejando preparativos para el día siguiente...

- Dave es muy lindo. Está aquí para estar conmigo. Y se me hace feo decirlo, porque está solo, aquí no tiene a nadie más, pero ¡quiero mi espacio!
- ¿Le has dicho algo al respecto?
- Sí, le dije que algunos días no voy a ir por él, porque quiero dedicarme a hacer cosas en mi casa.
- ¿Y?
- Me contestó que está bien. De hecho, parece que no le causó molestia, lo tomó de buena manera.
- ¿Entonces?
- Es que se me hace gacho de mi parte, después de todo lo que está haciendo por mí, no querer verlo diario, o tanto como creo que él quisiera. Se queda solo todo el día si no voy.

El desequilibrio.

El malestar de Zara era un indicador de que algo no estaba en equilibrio. Al razonarlo, ella creía que Dave estaba poniendo demasiado en la relación y que ella estaba obligada a corresponderle. Pero las relaciones amorosas no funcionan por obligación. El desequilibrio en el intercambio se manifiesta a través de una sensación de incomodidad.

El malestar de Zara no venía de poner límites a Dave pues, en realidad, estaba fallando en establecerlos. Su descontento provenía del hecho de estar dando más de lo que para ella era saludable.

Para Dave, estar unos meses en México mientras se expedía su visa representaba un gasto mucho menor que seguir viviendo en su país, y resultaba práctico para estar al pendiente de su trámite. Además, podía continuar su trabajo en línea y pasar tiempo con su novia para conocerse más.

Para Zara, modificar su agenda todos los días para adaptarse a Dave era un problema porque descuidaba su descanso y agenda diaria. Ella quería hacer lugar para él, pero renunciar a sus actividades cotidianas era demasiado. Necesitaba dejar de sacrificar su estilo de vida para equilibrar la balanza.

El equilibrio en el intercambio.

Desde el enfoque transgeneracional, a diferencia del modelo estratégico, las relaciones humanas pueden ser complementarias o simétricas según la jerarquía que distingue a sus miembros.

Las primeras son las que se establecen entre dos personas que tienen distinto rango dentro del sistema al que pertenecen, independientemente de sus dinámicas. Por ejemplo, padre e hijo, abuelo y nieto, tío y sobrino, jefe y empleado, profesor y alumno, sacerdote y feligrés, etc. La persona de menor nivel toma algo de la persona con mayor rango, ya sea la vida, cuidados, cariño, salario, asesoría, guía, conocimientos, etc. Y no está en posibilidad de devolver lo tomado. En agradecimiento, el hijo honra, el empleado trabaja, el alumno estudia, etc.

Las relaciones simétricas son aquellas que existen entre dos personas con igualdad de jerarquía. Por ejemplo, la pareja, los amigos, los hermanos, los primos, los compañeros de escuela o trabajo, los vecinos, etc. Sin importar si el vínculo es permanente o temporal, lo que hace que dichas relaciones crezcan en armonía es que se logre un intercambio equilibrado entre lo que se da y lo que se toma. Esta reciprocidad no necesariamente debe ser en la misma especie, pero sí en el mismo peso, es decir, en importancia.

El intercambio positivo.

En una relación simétrica, cuando una persona tiene un gesto amable con el otro, se genera en el segundo una agradable sensación de deuda que lo impulsa a corresponder dando algo a cambio. Si este segundo da al primero un poco más de lo que ha tomado, invierte la balanza y produce en él un dulce sentido de compromiso que lo impulsa a dar algo de nuevo. Y así sucesivamente. Ambos dan equitativa y constantemente, nutriendo la relación.

Por ejemplo, un día una amiga te regala un chocolate y te parece un lindo detalle. A los pocos días te nacen las ganas de ponerte a hornear y le llevas unas galletas caseras. Ella te agradece el obsequio. Unas semanas después le cuentas que tienes un compromiso importante y no sabes qué hacer porque la niñera te canceló de última hora. Ella se ofrece a cuidar a tu hijo, y comprendes que es un favor para ti porque sabes que suele estar muy ocupada. Un par de meses después te pide una carta de recomendación para un trabajo y te esmeras en escribir algo de calidad.

Y así ocurre el intercambio, casi sin darnos cuenta, damos un poquito más de lo que hemos tomado, luego el otro nos da un poco más de lo que le dimos. Así se construye y enriquece una relación entre pares.

Si el intercambio positivo no se incrementa ligeramente, y solamente se paga lo que se ha tomado, es probable que la relación termine, pues la cuenta ha quedado saldada y no ha habido lugar para generar una nueva sensación de deuda.

Si, en cambio, damos y damos, y damos tanto que no tomamos del otro en la justa medida, también generamos un serio desequilibrio. La balanza se inclina tanto hacia un extremo que llega a ser casi imposible recuperar el balance. Una desigualdad significativa amenaza la subsistencia de una relación simétrica. No se trata de llevar una meticulosa cuenta y perder la espontaneidad, sino de cuidar que el intercambio se mantenga en un rango de equilibrio saludable para que la relación florezca. La señal de advertencia para retomar la equidad es una sensación de malestar.

El intercambio negativo.

Cuando en una relación simétrica una de las partes causa un daño a la otra, se genera un saldo negativo en contra de quien ocasionó el perjuicio. Si el afectado responde "ojo por ojo" la deuda se paga y la relación se encamina a su final. Por otro lado, si el perjudicado no permite que el responsable pague por lo que hizo, se desequilibra la simetría ocasionando una sensación de superioridad en éste y de inferioridad en el deudor.

Si esto se vuelve un patrón y, además de no haber compensación para el intercambio negativo, el aquejado continúa dando cosas positivas, la deuda crecerá todavía más hasta el punto de ser impagable. El deudor buscará la manera de zafarse del compromiso mediante alguna salida triunfal, es posible que haga un daño mayor para que el afligido sea quien tome la decisión y termine la relación de una buena vez. Por ejemplo, si tu pareja te fue infiel y en venganza haces lo mismo, es muy probable que tu relación fracase. Si, en cambio, le perdonas de inmediato como si nada hubiese pasado, quedará el asunto pendiente en las cuentas por saldar, pudiendo pasar años hasta que detone en un serio problema.

Cuando recibimos un daño de nuestra pareja, no podemos ignorarlo, ni minimizarlo porque eso afectará la relación.

Si algo te lastima, tienes derecho a expresar tu sentir y exigir una disculpa o una reparación. No es cuestión de moral, lo que es correcto para una persona puede no serlo para otra. Cada uno aprendemos formas distintas de relacionarnos y adoptamos normas de nuestra familia o cultura que creemos universales cuando no lo son.

Cinthya se quejaba de que Erick, su compañero, veía pornografía. Él se justificaba argumentando que se trataba de algo muy normal que hacen todos los hombres, y la culpaba de tener un problema. La tachaba de loca exagerada. Ella terminaba sintiéndose profundamente herida. Estaba en una trampa al creer que, por ser algo correcto, él tenía derecho a hacerlo y ella no debía reclamar. Llegó a creer que le "faltaba un tornillo" por sentir lo que sentía. Locura no es sentir lo que sientes, locura es permanecer con alguien que constantemente te hiere.

No es cuestión de si es correcto o incorrecto. Cuando amas a alguien, procuras no hacer lo que sabes que le hiere.

En el fondo, la pornografía no era el problema, era tan solo la punta del iceberg. Él ya no buscaba intimidad sexual con ella. Cinthya creía que ya no era atractiva para Erick y se sentía no amada. Había dejado de tomar la iniciativa luego de varios intentos en los que había sido rechazada. El hecho de que él buscara imágenes o videos para descargar su libido le hacía sentir a ella que estaba siendo remplazada. Y, efectivamente, así era.

Por su parte, él se sentía menospreciado y poco reconocido por Cinthya. Ella encontraba motivos para criticarlo o corregirlo constantemente, desahogando su dolor al juzgar sus decisiones y el modo en como hacía las cosas. Estaban en un círculo vicioso en el que la respuesta defensiva de uno fomentaba el contra ataque del otro.

A veces, no tenemos claro qué es lo que en verdad nos hiere, pero lo que debes recordar es que todos tenemos el legítimo derecho de expresar que algo nos duele.

Procura expresar cuál es tu verdadero dolor. Y ten paciencia ante los reclamos poco asertivos de tu compañero hasta que encuentren la verdadera necesidad. Cuando tu pareja se queja de tu trabajo, no es que odie tu trabajo, odia que le dedicas menos tiempo y se siente poco amada. Cuando se queja de tus amigos, no los odia, odia sentirse menos importante. Cuando se queja de que te enfocas en los hijos, es porque siente que te has olvidado de él o ella.

Desgraciadamente, solemos acompañar la expresión de nuestro dolor con un ataque y obtenemos una respuesta contraria a lo que en el fondo deseábamos. Es distinto exigir respetuosamente una reparación, que culpar, ofender, juzgar, amenazar, etc.

Retomar el equilibrio tras un perjuicio.

Hay dos maneras de retomar el equilibrio: el afectado necesita cobrarse lo negativo, o el agresor necesita reparar o compensar positivamente y por duplicado.

Una es regresar el daño, pero en medida muy disminuida. Como le amas, se lo regresas, pero un poco menos. Como te ama, te lo regresa un poco menos, y la compasión se une al amor. Así, al regresar un poco de lo negativo, le permites recuperar su nivel de igualdad y no quedase en desventaja con la deuda. Por ejemplo, si te plantó para ir a comer, la siguiente ocasión que te invite a una cita puedes negarte, aunque tengas tiempo de ir. Si cometió una indiscreción frente a tu familia, no te sientas a su lado a la mesa durante la cena.

Recuerdo a Joan Garriga, co-fundador del Institut Gestalt de Barcelona, narrando su recomendación para una mujer que había sido víctima de infidelidad por parte de su esposo. La mujer haría un viaje de placer al Caribe, invitando a una de sus mejores amigas, la que menos cayera en gracia al marido, y pagaría el viaje de ambas con la tarjeta de crédito de éste, que tenía una holgada posición económica. Esa sería su manera de cobrársela. Joan no le dijo, ni por asomo, que fuera también infiel. Pensó en una estrategia que le ayudara a ella a aliviar su dolor, una travesura que serviría para dejar su lamento de víctima y recuperar la simetría.

Si haces como si no pasa nada y pretendes perdonar olvidando lo ocurrido, tarde o temprano buscarás cobrártela "por debajo del agua", de manera encubierta y manipulativa. Te mantendrás en una pseudo-posición de superioridad, porque se te debe algo, probablemente guardarás rencor sin lograr sanar la herida.

Si has cometido una falta o has hecho algún daño a tu pareja, es probable que, si no lo has pagado abiertamente, la culpa te lleve a pagar, y pagar, y pagar incansablemente sin saber cuándo estará saldada la cuenta. ¿Hasta cuándo habrás pagado?

La importancia de compensar.

El esposo de Marissa había faltado al compromiso con ella cometiendo adulterio. Esta falta grave lo ponía en desventaja con ella si quería continuar en su matrimonio. Era necesario que el intercambio se equilibrara pronto.

Cuando él reconoció la gravedad de su falta hicieron un acuerdo, ella se desahogaría y le reclamaría cada vez que el dolor le quemara por dentro, y él la escucharía sin evadir ni justificarse. Como diríamos vulgarmente "le tocó aguantar vara". ¿Cuánto duraría el desahogo? El necesario. Cada vez que ella necesitara "soltar un poco la presión del vapor", él la escucharía con empatía y al final preguntaría "¿Te sentiste escuchada? ¿Logré pagarte un abono más a mi deuda contigo?".

Si ella lograba expresar su dolor y su decepción, llegaría un momento en que no habría más dolor ni decepción qué sacar. Haría esto al tiempo que, en terapia, descubriría para qué buscó un matrimonio que estuvo a punto de terminar. En su caso, se trataba de la posibilidad de sufrir como su madre y su abuela. Los reclamos disminuyeron en duración, intensidad y frecuencia hasta que ya no fueron necesarios. Por supuesto que, a la par, él tuvo que hacer otras cosas para recuperar la confianza de Marissa, por ejemplo, espontánea y voluntariamente ofreció compartirle sus claves de acceso al celular, cuentas de correo, etc. y le dio buenos resultados.

Cuando el desequilibrio es demasiado.

Cuando el intercambio en la relación llega a un punto en el que el desbalance es excesivo, continuar se hace cada vez más difícil para la pareja. Quien ha dado menos sentirá el peso de la deuda casi sin advertir que ha tomado de más, pero con la sensación de querer huir. Esta persona tenderá a buscar una salida, pero como el compromiso le dificulta marcharse, es probable que haga algo para herir profundamente a su compañero y que sea él quien tome la decisión por los dos.

Curiosamente, quien ha dado de más es quien tiene la tendencia a quedarse en la relación, a quien más trabajo le cuesta soltar. A pesar de ser golpeado una y otra vez por actos egoístas de su compañero, es probable que la sensación de que se le debe algo, le mantenga con la esperanza de que en algún momento lo recibirá.

Y la situación se hace más evidente cuando el otro le ha hecho alguna "promesa fatal" clavando la daga de la expectativa en su iluso corazón: "Te lo voy a compensar toda la vida", "No tendré ojos para nadie más", "Quiero envejecer contigo", "Te amo y sólo quiero regresar contigo y con los niños", y muchas otras promesas huecas, carentes de verdadero compromiso, pero que en su momento fueron dichas con la intención infantil de provocar una respuesta favorable en el otro.

Cómo sanar heridas y seguir adelante.

Si consideras que tu relación tiene solución, puedes elaborar una lista con todas aquellas faltas que ha cometido tu pareja y que no te ha sido posible olvidar porque todavía te hieren. Si no lo has superado es porque ha habido nula o insuficiente compensación.

Este tipo de heridas no sanan por sí solas con el tiempo. Hay que hacer algo para curarlas. No se trata de que te de amnesia y se te olvide todo por completo. Las heridas no se olvidan, se sanan y cicatrizan. Quedará la cicatriz, pero no dolerá porque habrá concluido el proceso de sanación.

Escribe tanto las ofensas como las alternativas de compensación. Para cada una de las cosas negativas que te ha hecho, piensa en una o varias maneras en que podría resarcirlas y con lo que quedarías tranquilo y podrías dar vuelta a la página. Tal vez se te ocurran más opciones cuando hayas leído el capítulo doce.

También puedes pedirle que haga su propia lista para que te enteres de los pendientes que tienes por compensarle y de las opciones para hacerlo.

Ambos pueden revisar sus respectivas listas y negociar para buscar la mejor manera de recuperar el equilibrio. No es fácil, requiere esfuerzo. Pero si no se hace, se causa un daño acumulable en la relación. Y, si lo logran, el resultado es la oportunidad de gozar de un nuevo y prometedor comienzo.

PARTE IV

SACANDO BRILLO

¡A DISFRUTAR DEL AMOR!

Capítulo 11

LOS OBSTÁCULOS

Superando desafíos para lograr la meta.

Mirando a sus propios hijos ¡Ya no le queda de otra!

Los tonos cobrizos de las hojas cayendo de los árboles anunciaban el otoño. El viento soplaba frío y obligaba a vestir con más abrigo. La tranquilidad del momento precedía a una temporada de festividades de cierre de año. Los disfraces, los altares, las cenas en familia, los obsequios, los abrazos y buenos deseos, las velas encendidas, y la esperanza de un nuevo comienzo. Para muchos, anticipa el entusiasmo de una época alegre y emotiva, para otros parece representar solo un número más en el calendario.

Olivia era una mujer divorciada que acudió a consulta para ayudar a sus hijos. Dos de ellos tenían problemas con sus respectivas novias, y uno había dejado la escuela y no se decidía por qué estudiar. Aunque el foco de su preocupación eran sus hijos, su semblante evidenciaba que algo no andaba muy bien en su vida personal. Sus ojos mostraban una gran tristeza.

- Tengo depresión – aclaró ella.
- ¿Has recibido el diagnóstico de un profesional? – le confronté.
- No – respondió.
- ¿Cómo sabes que tienes depresión? – inquirí.
- A veces, siento que no tengo ganas de vivir – confesó.

- ¿A quién perdiste? – le pregunté.
- A mis padres – contestó, al tiempo que soltó el llanto.

De joven, Olivia se había enamorado de un hombre cuya hermana le advirtió que era un mentiroso. Con el tiempo, Oli descubrió que le era constantemente infiel. Llegó el día en que él tomó la decisión de marcharse del hogar y ella se fue a vivir a casa de sus padres. Al mes de haberse mudado con ellos, su padre fue diagnosticado de cáncer y falleció un par de meses después. Dos años más tarde murió la madre de Oli. Al parecer, ignoró las señales porque necesitaba un hombre que la acompañara durante un tiempo y la dejara libre en el momento preciso para poder acompañar a sus padres.

Eran padres muy amorosos, en especial su madre. Y era tanto su dolor ante la pérdida, que se resistía a dejarlos ir. En su corazón, anhelaba seguir junto a ellos. Ese era el problema al que ella llamaba "depresión". La notable y pronta mejoría fue un indicativo de que se trataba simplemente de un duelo no resuelto. De no haber sido así, habría sido necesario que consultara a un psiquiatra para valorar el caso y trabajar interdisciplinariamente.

El trabajo terapéutico se centró en mostrarle cómo ella, en su gran amor hacia sus padres, deseaba ir hacia la muerte en lugar de apreciar y aprovechar el más valioso regalo que ellos le dieron, la vida. Y que, a su vez, de la misma manera que ella tenía el deseo de seguir a sus padres hacia la muerte, también sus hijos se buscaban problemas para seguirla a ella en su infelicidad.

Vida y muerte.

Morir es muy fácil, basta con que no hagas nada, sólo dejarte morir. Deja de moverte, de buscar alimento, de respirar… y encontrarás el eterno descanso. Vivir, en cambio, no es fácil, requiere esfuerzo, desde que te impulsaste para nacer y con cada cosa que tienes qué hacer para mantenerte con vida. Además, hay que dar un extra para avanzar hacia las metas y ser felices disfrutando el trayecto.

Terapéuticamente hablando, desde el enfoque sistémico Transgeneracional, podemos decir que todo lo que hacemos está dirigido a uno de esos dos sentidos: hacia la vida o hacia la muerte.

Si una chica rechaza la invitación de sus amigas a salir a tomar un café para divertirse, para quedarse en casa viendo Netflix con su pijama puesta y ni un perro que le ladre, está haciendo algo que no le ayuda a crecer ni a ser feliz. Está mirando hacia la muerte.

En cambio, si esta misma chica tiene gripe y necesita descansar para aliviarse, y rechaza la invitación de sus amigas a salir para quedarse en casa viendo Netflix con su pijama puesta, porque prefiere cuidar su salud hasta que mejore, está haciendo algo que le favorece para poder salir y disfrutar cuando se recupere. Está mirando hacia la vida.

El desafío del cambio.

Existe un mecanismo inconsciente de preservación que nos lleva a mantener hábitos para facilitarnos las cosas. Si una cosa nos ha resultado, aunque a duras penas haya servido o nos haya traído más perjuicio que beneficio, tendremos la tendencia de continuar por ese camino. Es algo normal. Cambiamos el rumbo y, al poco tiempo, nos damos cuenta que hemos regresado al antiguo camino. "Más vale malo por conocido que bueno por conocer" parecería que nos dice nuestra mente.

En Psicología sabemos que existe una resistencia personal inconsciente que se opone al cambio inicial. Por ejemplo, cuando una persona evade tocar temas importantes, llega tarde o pierde sesiones, le encuentra defectos a su terapeuta y busca excusas para posponer o abandonar la terapia. El terapeuta necesita haber desarrollado la habilidad para detectar esta resistencia y trabajar con ella para ayudarle a superarla.

Existe otro obstáculo que se presenta en el proceso de cambio. Se trata de las fuerzas atrayentes. En un sistema familiar, cuando una persona realiza una modificación significativa en su conducta, el funcionamiento general de dicho sistema se altera, y el resto de los miembros se ven obligados a cambiar.

El cambio de los demás no depende de nosotros. Aunque, si movemos una figura del móvil que cuelga de la cuna de un bebé, el resto de las figuras se moverán también. Los demás no pueden seguir actuando como lo hacían porque tu nueva actitud ha modificado las cosas para ellos. Algunos pueden respingar, otros se resistirán y otros simplemente se adaptarán.

Un alcohólico en recuperación puede resistir la tentación de volver a beber. Luego, asiste a una fiesta con su esposa y tiene que soportar que ella le insista en tomar un trago porque no quiere pasar por la vergüenza de que le pregunten el motivo por el cual su marido no se toma ni una copa, o le reclama constantemente el tiempo que dedica a sus juntas. Esta mujer funciona como una fuerza atrayente que busca que las cosas regresen a "la normalidad" para ella poder seguir con su implicación y su codependencia.

Cuando un paciente comienza a hacer mejoras evidentes debido a la terapia, a veces ocurre que uno de sus familiares se queja "de nada te está sirviendo la terapia", o "¡quién sabe qué le estarás diciendo a tu psicólogo porque aquí estás cada vez peor!". Esas son muestras de fuerzas atrayentes. Cuando Melissa peleó con Alan por las manos sucias del bebé, fue justo cuando su madre acababa de tener otra crisis de depresión. Esa era una fuerza atrayente en su sistema que hacía que ella se volcara en preocupación por su madre.

El deseo de cambiar.

¿Cuántas veces has escuchado a alguien decir que va a cambiar y no lo hace? Un teporocho borrachín puede estar inconsciente tumbado en la acera, apestando a una revoltura de alcohol, sudor, orines y vómito. La gente lo ignora o lo desprecia con la mirada, le saca la vuelta para no pasar cerca de él. Ha perdido a su familia, su trabajo, sus amigos, y hasta la dignidad. Y aun así… ¡sigue bebiendo!

Cuando las ganancias secundarias u ocultas son mayores que las pérdidas notables, la persona no encontrará la fuerza para mejorar. En capítulos anteriores vimos cuáles pueden ser esas ganancias. Una implicación es algo que está doblado, guardado, oculto. Descubrir nuestras implicaciones familiares nos abre los ojos ante lo que estamos persiguiendo de manera inconsciente. Nos libera para gestionar nuestro pasado de una forma más saludable que, a su vez, nos permita construir un mejor futuro.

Habiendo solucionado la implicación, lo que falta es encontrar una razón de peso para cambiar. Un motivo más sublime que sacrificarse por los ancestros. Una fuerza mucho más poderosa para resistir la tentación de regresar al problema.

Una imagen poderosa.

El deseo de cambio tiene que ir en aumento hasta el punto de generar en la persona la toma de decisión. Para lograr esto necesitamos un punto palanca que sirva de impulso para que la persona quiera cambiar.

Generalmente, el efecto palanca se logra al mostrarle precio que paga al mantener esa situación, o el precio que hace que sus seres queridos paguen. Así, logramos la transición hacia la solución.

En personas muy jóvenes o sin hijos, puede ser útil para mostrarles una visión del futuro al que se dirigen si continúan por el mismo camino.

En adultos con hijos es maravilloso ver cómo funciona el amor por éstos. Para un hijo es difícil resistirse a sacrificarse por sus padres cuando les ve sufrir. Si uno de ellos sufrió y te mantienes en la tragedia sin solucionar tu implicación, uno o varios de tus hijos tenderán a sacrificarse también.

Es tu responsabilidad romper la cadena de sufrimiento. Cada vez que tu hijo te ve infeliz o inconforme con la vida, es como si le estiraras la trompa al elefantito para que entrelace la suya contigo y se vayan juntos al precipicio. En especial si es pequeño. ¡Ojalá y cuando crezca encuentre un buen terapeuta que le ayude a salir del hoyo! Mientras tanto, no puedes dejar en otros una responsabilidad que es tuya. El bienestar de tus hijos depende de ti. Si te ven feliz, les será más fácil serlo también.

Imagina que cada vez que haces cosas que te provocan infelicidad y "miras hacia la muerte", le enseñas a tu hijo a hacer lo mismo. Y cada vez que haces cosas que te ayudan a crecer y te provocan felicidad, aunque no sean fáciles o que requieran esfuerzo, le enseñas a tu hijo cómo vivir y ser feliz.

Otra "imagen-motor" puede ser suponer cómo ese ser querido que tanto sufrió pondría una gran sonrisa al ver que valió la pena lo que tuvo que enfrentar a cambio de que tú ahora seas feliz. Su viaje por la vida fue accidentado, pero hizo lo que estuvo en sus manos para continuar y que la vida llegara a ti. Ya pagó el precio para que continuaras el trayecto, no necesitas pagarlo doble. Honra su esfuerzo aprovechando lo que te ha tocado. Disfruta el viaje, el boleto está pagado.

Mirar hacia el futuro.

¿Qué es lo que quieres conseguir? ¿Cuál es esa meta hacia la que quieres avanzar? Esa es la imagen que necesitas tener en la mente cuando empieces a traducir la solución que necesitas en acciones específicas en tu vida.

Ya no se trata de caminar mirando hacia atrás, con el pendiente del pasado familiar por resolver. El río avanza y no regresa. Se trata de caminar con la mirada hacia adelante, visualizando las metas.

Poner la solución en marcha.

¿Qué necesitas hacer para resolver tus problemas? La solución no cae del cielo, necesitas llevarla a la acción a través de conductas muy específicas. No basta con entender qué te pasa, necesitas ponerte las pilas y actuar. Esperar que los demás cambien es quedarte en el atasco. Soñar con que las circunstancias se adaptarán a tus deseos sin hacer lo que te toca tampoco te llevará a donde quieres.

Ahora que tienes más recursos para identificar de dónde vienen las dificultades que atraviesas también puedes saber cómo participas en generarte esos inconvenientes, es decir, qué cosas haces para mantenerte en ese conflicto. De la misma manera, también puedes reconocer cuál es la intención positiva que te mueve, y qué debes hacer para arreglar tu situación.

Si tu implicación es que te sacrificas para acompañar a tu madre, y ello te mueve a tener problemas en tu matrimonio para quedarte solo y cuidarla, la solución es respetar el destino de tu madre y tomar tu lugar de hijo. Implementar la solución en tu vida significa convertir el "ser hijo" en acciones concretas de acuerdo a tu situación. En este caso puede ser que cuando mamá esté delicada, en lugar de ir a visitarla diariamente, dejarás que la atienda tu papá, y tú le llamarás por teléfono para saludarla. En lugar de estar pensando en ella, confiarás en que sabe lo que hace y te enfocarás en tu matrimonio y en tus propios hijos.

Si tu problema es que tienes conflictos con tu pareja porque priorizas a tu hijo menor, necesitas dar a tu compañero el lugar que el corresponde. Por ejemplo, si esperas de tu pequeño la aprobación que no pudiste recibir de tu padre y expresas tu necesidad en atenciones desmedidas, en lugar de darle masaje cada noche durante media hora para que pueda conciliar el sueño, le darás las buenas noches y te irás a acompañar a tu cónyuge. Dejas de actuar como hijo o hija de tu propio hijo, para ser consorte de tu pareja. Recuerda, la pareja tiene prioridad sobre los hijos. No se trata de ignorarlos o descuidarlos, sino de que los reyes del castillo son papá y mamá.

Haciendo ajustes.

Como en todo proyecto, se pueden ir haciendo arreglos sobre la marcha, como en ensayo y error, ya que hay cosas que sólo es posible atender una vez que ocurren.

Tal vez planeaste llamar a tu madre por teléfono dos veces a la semana. Pero resulta que cada vez que hablas con ella te pones peor, y decides limitar las llamadas a una vez por mes.

A lo mejor le dijiste a tu padre que no viniera a dormir cada sábado a tu casa, porque necesitas tu espacio con tu familia y pensabas solo visitarlo un rato el domingo por la tarde. Pero tus hijos lo extrañan y él está solo, así que decides que una vez al mes está bien para ti que venga a casa a dormir.

Posiblemente creíste que estaría bien ver a tu expareja y comer juntos una vez al mes, pero eso reaviva tu herida y afecta resolver el duelo, así que decides cortar comunicación con él.

Tú irás detectando qué ajustes necesitas hacer, de acuerdo a los resultados. Se trata de interpretar y aplicar la solución a tu particular contexto, teniendo la flexibilidad necesaria para hacer las adaptaciones que requieras hasta transformar tu vida.

Creando un nuevo hábito.

¿Sabes por qué razón no es recomendable construir una casa sobre un terreno por el cual solía pasar un río? No soy ingeniero ni arquitecto, y tampoco sé cómo llevar a cabo un estudio geotécnico. Pero entiendo que el peligro radica en que, en caso de que ocurra una tormenta en la que la lluvia llegue a ser demasiado abundante y provoque una inundación, el agua reencontrará su antiguo curso y pasará justo por donde solía hacerlo, pudiendo llevarse la construcción con la corriente.

Psicológicamente hablando, nuestro cerebro funciona de una manera similar. Nuestros pensamientos, acciones y sentimientos, activan ciertas áreas en él, formando circuitos neuronales específicos por donde pasa la información. Después de pensar varias veces de la misma forma, o de generar ciertas reacciones químicas al sentir de la misma manera por un tiempo prolongado, o de tener una misma respuesta ante un estímulo, nuestras conductas se vuelven hábitos. Es como si se formara el cauce de un río. Para modificar su curso, necesitamos pensar, actuar o sentir diferente durante un tiempo lo suficientemente considerable y, así, ayudar a nuestro cerebro a cambiar de circuito.

Si no practicas el cambio que quieres lograr, éste no se volverá permanente. Algunos investigadores afirman que debes mantener una conducta por al menos veintiún días para que comience a volverse rutina, otros difieren y aseguran que se necesitan por lo menos cuarenta días consecutivos. Yo creo que hay costumbres que hemos fortalecido por toda una vida y para las cuales necesitaremos varios años de practicar una nueva respuesta hasta lograr el cambio. No te desanimes, persiste.

Capítulo 12

LA ESTRATEGIA

El amor requiere cuidados especiales.

Aclarando el agua turbia ¿Qué necesita?

El frío viento de invierno invitaba a la clientela a permanecer dentro de la cafetería. Las mesas de la terraza permanecían vacías y dormidas en espera del bullicio del verano. Adentro, los distintos aromas de los platos que iban saliendo de la cocina se mezclaban con la esencia predominante del café. La gran variedad de bocadillos dulces en el mostrador me resultaba una complicación para decidirme por uno. Casi podía saborear en mi imaginación el chocolate semi amargo del brownie o el nuggat del pay de nuez. En esta ocasión elegí un hojaldre con relleno de cabellos de ángel.

El mobiliario en el interior era bastante acogedor. Jessica y yo nos sentamos en unos silloncitos individuales bastante acolchados, forrados en una tela color gris oscuro que hacía resaltar unos pequeños y regordetes cojines color menta. Después de haber dejado colgados nuestros abrigos a la entrada del lugar, nos iba perfecto estar junto a la chimenea y recibir de primera mano el calorcito que nos mantenía a gusto.

Ella bebía un *chai latte,* acompañando su *omelet* con espinacas. Mientras, yo saboreaba mi hojaldre y disfrutaba mi cocoa caliente con trocitos de avellana, cuya consistencia me hacía

165

remontarme a la espesura del chocolate a la taza estilo europeo.

Jessica me contó una discusión que había tenido con su esposo, Kevin. El tema del pleito había sido "no sacaste la basura esta mañana". Hacía casi un año que él había estado coqueteando con una compañera del trabajo y, aunque habían hecho algunos cambios para enfrentar el problema, la proximidad de las fechas festivas era un doloroso recordatorio de lo que había ocurrido justo después de Navidad.

- ¿Qué necesitabas de él? –le pregunté.
- Que sacara la basura –contestó Jessica.
- No, eso ya había quedado atrás, no le estabas pidiendo que sacara la basura, le estabas reclamando que no la hubiera sacado. ¿Para qué le reclamaste? ¿Qué había detrás de tu reclamo? ¿Qué te hubiera gustado que él hiciera? –insistí.

Se quedó pensativa un momento, con la mirada baja alternando entre la atención a sus sensaciones y a su diálogo interno. Después de unos cuantos segundos, suspiró y respondió.

- Que me abrazara y me dijera que reconoce que estas fechas son difíciles para mí después de lo que pasó hace un año, pero que esta vez vamos a estar juntos y me va a dedicar más tiempo –reconoció ella.
- ¿Y dónde está su bolita de cristal para adivinar todo eso que no le dijiste? –cuestioné a broma.
- Es que ni siquiera yo me di cuenta en ese momento. Solamente me sentía mal y no sabía por qué. Creí que solo estaba molesta porque no había sacado la basura –justificó.

El drama.

Nuestra ira suele cubrir nuestro dolor. Es más fácil sentir enojo que dolor. Necesitamos tener claridad de nuestras propias emociones y necesidades. Cuando quieras reclamar algo a tu pareja, detente un momento y ubica cuál es tu verdadera necesidad. Si no lo tienes claro, no sabrás cómo pedirlo. Pedirás cualquier otra cosa y tu necesidad quedará insatisfecha. El otro no es adivino, no puede saber qué estás pensando o qué quieres en ese momento a menos que se lo comuniques directa y claramente. El drama surge cuando no tenemos claro qué necesitamos y, sin percatarnos de ello, buscamos cualquier pretexto para reclamar y desahogarnos.

Los vicios en la relación de pareja.

Hay cosas que debes evitar hacer porque ocasionan mucho daño a la relación, en especial cuando son repetitivas o se vuelven habituales.

CEDER. Concede, no cedas. Si pasas sobre tus propios límites acumularás resentimiento. No te sometas ante el otro porque provocarás un desbalance. Podrás pensar que le das gusto, tal vez lo hagas por temor a la soledad o suponiendo evitar conflictos, pero condenarás tu relación a la desdicha.

RECLAMAR. Corta el drama. Cuando algo te moleste o hiera tus sentimientos, puedes explicarlo y pedirle que deje de hacerlo. Si lo sigue haciendo, no te quejes ni exijas, toma medidas y actúa en consecuencia. La respuesta de tu pareja no está bajo tu control, pero tus decisiones sí dependen de ti.

EXIGIR. Pide, no exijas. No le des órdenes, sermones, ni indicaciones no solicitadas sobre cómo hacer algo. Si te impones y te sales con la tuya, no se sentirá amado. Mejor ten claridad de lo que necesitas de él y pídeselo con amor.

REGAÑAR. Si corriges a tu pareja estarás implícitamente mostrando tu creencia de superioridad. Le estarás transmitiendo que no es suficiente o adecuado para ti, que tú sabes mejor que él cómo debe hacer las cosas.

Te pondrás en un rango jerárquico que no te corresponde y mucho menos te beneficia. No eres su padre o madre para corregirlo.

IGNORAR. No lo ignores, no le retires por completo la palabra. Si necesitas mostrar tu enojo y poner límites, expresa que estás molesto, cambia tu tono de voz o habla menos, pero no hagas como si no existiera. Es el equivalente a pretender que esa persona no tiene ningún valor, y daña profundamente la confianza. Podrás hacerlo en otro tipo de relaciones, pero no a tu pareja (y menos a tus hijos).

CULPAR. No le cuestiones o acuses, en especial sobre sospechas o suposiciones. Si diriges tu atención a sus fallas, se sentirá atacado y reaccionará a ello. Redirige tu atención a tus necesidades para que puedas expresarlas claramente. Habla por ti.

JUZGAR. Las críticas y descalificaciones van añadiendo bloques a una pared de desconfianza y resentimiento que termina por separarlos. No juzgues lo que hace o cómo lo hace, en especial si se trata de su manera de ser. Si necesitas que haga un cambio en la relación, enfócate en pedir lo que quieres, sin expresar desaprobación.

BURLARSE. No te burles sobre su persona, ni hagas comentarios sarcásticos que él no encuentre graciosos. El objeto de tus bromas jamás debe ser tu compañero, ni su físico o la forma en que hace las cosas. La ironía no es un arte, ni es expresión de inteligencia cuando la diversión se vuelve instrumento de ofensa en contra de quien amas. Incluso si se ríe de tu broma, algún día podrías herirle.

RELEGARLE. No le des prioridad a nadie sobre tu pareja. No significa que excluyas a los demás o que no te importen, sino que siempre debes mostrar a tu pareja lo importante que es él para ti. No le reemplaces en atenciones, tiempo o cariño, con alguien más. No tomes decisiones de manera unilateral cuando se trate de asuntos que competan a ambos. Toma en cuenta su opinión, negocien y decidan juntos.

ROMPER LA PRIVACIDAD O ALIARTE CON TERCEROS. No involucres a familiares o amigos en tus asuntos de pareja. No tienes por qué contarles tus problemas, si ustedes los solucionan, las demás personas podrían no superar la impresión que se formaron y eso podría interferir en su relación. Es normal y, hasta cierto punto saludable, que tu familia se ponga de tu lado, pero crearás una alianza en contra de tu pareja. No será equitativo ni conveniente. Evita hacerlos parte de lo que corresponde solo a la pareja. Háblenlo entre ustedes dos, o busquen ayuda de un profesional.

CONTROLAR. Si invades su privacidad para saciar tu necesidad de control podrías toparte con consecuencias inesperadas. No tanto por lo que puedas encontrar, sino por la reacción que puedes llegar a enfrentar. Si esperas que te abra cada rincón de su mente, las cuentas de sus redes sociales, su celular, o pretendes elegir sus amistades, ajustar su agenda o, peor aún, husmear sin su autorización, necesitas trabajar con tu autoestima. No te corresponde elegir a sus amistades o exigir que se reporte cada hora contigo. Vivir con desconfianza no te permitirá disfrutar lo que hay a tu alcance. Supervisarlo o espiarlo te podrá dar una sensación de tranquilidad momentánea, pero no te brindará paz. Si crees que no es lo que buscas ¿por qué no te marchas?

MENOSPRECIAR. Si descalificas sus sentimientos, o necesidades, le alejarás emocionalmente. Tal vez no te des cuenta que minimizas sus comentarios, puede ser que consideres que exagera, pero invalidarle puede ser aplastante para esa persona. Si le menosprecias por ser como es ¿Para qué sigues con él?

OCULTAR O MENTIR. No mientas, ni ocultes información importante que concierna a la relación, aun si se trata de algo delicado que podría alejarle. No coartes su libertad de elegir ante la verdad. Más adelante trataremos el tema de la honestidad.

SER INFIEL. Una de las peores cosas que refieren las personas haber sufrido en una relación de pareja es la infidelidad. Confirmar un adulterio y saber que tu pareja se ha acostado con alguien más puede ser devastador. Sin embargo, hay otros niveles de infidelidad. Coquetear con alguien más y no establecer límites claros puede generar muchos problemas con tu pareja. Cuida los mensajes que das a entender con el trato que das a otros. Hay una línea que distingue los celos patológicos de los sentimientos de traición por violar acuerdos. No se trata de ceder ante inseguridades que pueda tener tu compañero, sino al respeto que puedes mostrar al compromiso que elegiste.

GRITAR. Es normal subir un poco el volumen de la voz cuando quieres expresar tu enojo, pero subirlo demasiado es atacar con la intimidación. Solo conseguirás inyectarás veneno a la relación. Las bajas dosis se acumulan ocasionando enfermedad y muerte.

INSULTAR. Las groserías o comentarios degradantes no tienen cabida en la pareja. Por más normal que puedas creer que lo es, no es así. Jamás debes herir deliberadamente a tu pareja, deja una huella imborrable en el libro de contabilidad de la relación.

INTIMIDAR. No rompas cosas en su presencia estando enojado. No arrojes, tires o destruyas intencionalmente cosas de su pertenencia. Hay otras maneras de desahogarte, trabaja tu tolerancia a la frustración y la expresión tu ira. La impulsividad caracteriza a los niños y a los animales, mantente adulto.

AMENAZAR. Las amenazas siembran miedo, son una manera de buscar el control ante la propia sensación de incompetencia. Si no te sientes capaz de ser amado tal como eres por la persona que quieres, amenazarle solo hará que, a la larga, te sientas peor porque reforzarás esta idea de no ser digno de ser querido como esperas. Lejos de amarte, el otro desconfiará de ti y te temerá. Tal vez siga ahí por miedo, hasta que un día pueda escapar.

GOLPEAR. Los empujones, jalones, bofetadas, rasguños, golpes o patadas son los escalones hacia la tumba del amor. No se puede ni siquiera jugar con ello, pues aun como simulacro reflejan un serio problema. ¿En verdad quieres una relación así? ¿Quieres arriesgarte a que te responda con la misma moneda o tal vez peor?

Si los insultos dejan una huella negativa ¡imagínate los golpes! Sé adulto responsable que mide sus actos porque calcula las consecuencias y cuida su relación.

Si todas esas cosas deben evitarse, entonces ¿qué es lo que sí debemos hacer? Bueno, para responder a esa pregunta a continuación tienes una sección dedicada a las virtudes que caracterizan una relación estable y saludable. No son para simplemente leerlas y saber que existen… son para ponerlas en acción. Prográmate para empezar a practicar una por una, conforme vas leyendo, y mejorar gradualmente.

Aprender a escuchar.

No existe la falta de comunicación en las relaciones humanas. ¿Has oído a alguien decir que en su familia "no hay comunicación"? ¿O alguien que dice que "no tiene mucha comunicación" con su hermano?

Lo que suele ocurrir es que llamamos comunicación al uso de palabras. Es imposible no comunicarse con alguien con quien tienes una relación, en especial si se trata de un vínculo permanente.

Si viajas en un avión y te diriges a la persona del asiento de al lado preguntándole a dónde viaja, y sin responder a tu pregunta se gira hacia la ventana ignorándote, ¡te está comunicando algo! Si desde hace dos años no le diriges la palabra a tu prima, le estás comunicando algo. Si en un año de noviazgo eres tú quien a diario has llamado por teléfono a tu pareja, y ella únicamente te ha marcado en tres ocasiones en la que le habías pedido que lo hiciera… te está comunicando algo. Si tu pareja te regala una sonrisa cada día al despertar, también te está comunicando algo.

La teoría de la comunicación humana nos explica que existen tres elementos básicos de la comunicación: corporal, paraverbal y verbal.

CORPORAL. Este elemento es la parte que transmitimos con el lenguaje de nuestro cuerpo. Con los movimientos y posturas decimos mucho más de lo que podríamos imaginar. Un actor lo sabe muy bien. Nuestra expresión corporal puede confirmar lo que transmitimos de manera verbal, pero también puede contradecirlo y desmentirnos. Nuestro cuerpo grita lo que, a veces, callamos con la boca.

PARAVERBAL. Este componente es la manera en que decimos algo a través de nuestra voz. Con la dirección, el tono, la intensidad, el timbre, y demás características, infligimos en ella un significado para nuestro mensaje. Que estemos conscientes de ello o no, no quita que lo hagamos. No es lo mismo decir "¿En dónde compraste tu bolso nuevo?" Con un tono de gusto y elogio, que decir exactamente las mismas palabras con un tono de burla o desaprobación.

VERBAL. El elemento restante es la parte verbal. Se trata justamente de las palabras que empleamos para transmitir un mensaje. Por supuesto que cambiando las palabras podemos alterar el significado de nuestro mensaje. Empero, solemos creer que éste es el único factor a considerar y olvidamos que solamente un bajo porcentaje de nuestra comunicación, 7% para ser específica, corresponde a esta categoría.

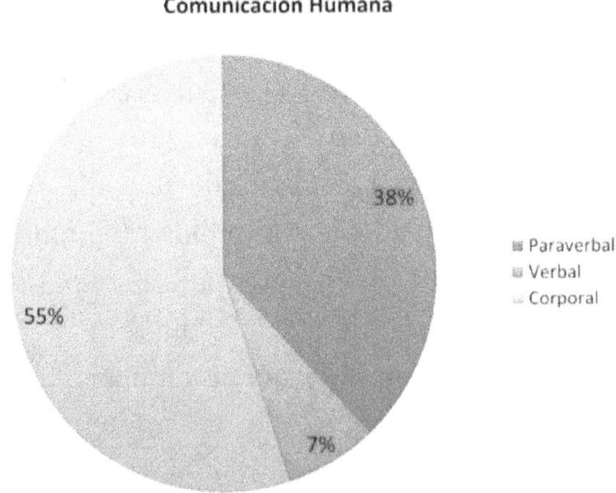

Hay un chiste que escuché hace tiempo y que he contado repetidamente. No sé si sea capaz de plasmarlo aquí sin la posibilidad de utilizar mi voz, pero lo intentaré. Se trata de una pareja de recién casados. Un día después de su luna de miel, al amanecer y despertar juntos, el marido mira a su esposa y susurra:

- ¿Cómo amaneciste, vieja? - con una voz dulce y suave.

Pasan un par de décadas y, un día por la mañana, el marido reclama:

- ¡Cómo amaneciste vieeeeja! - haciendo énfasis alargando la última palabra al tiempo que expresa juicio con su rostro.

Después de casi medio siglo, al despertar, el marido exclama:

- ¡Cómo! ¡¿amaneciste vieja?! –resaltando el adverbio exclamativo de la pregunta y mostrando una gran sorpresa como si esperara lo contrario.

Las palabras son las mismas, pero… "el tonito es el que chinga". Con las mismas palabras podemos jugar y aplicar distintos significados de acuerdo a nuestros gestos y nuestra voz.

Por eso hay tantos problemas que surgen con la comunicación meramente escrita. ¡Ésta representa únicamente una mínima parte de lo que decimos! Mucha gente confía en los mensajes de texto por celular o por email. Pero sólo contamos con el 7% de lo que nos quisieron decir, el 93% restante lo suponemos de acuerdo a nuestro particular punto de vista en ese momento.

Recuerdo que una alumna en la universidad comentó que, cuando recibía por WhatsApp un "ok" solamente, le parecía seco y grosero.

- ¡Yo pongo ok's a secas! –exclamé– desde hoy ¿tendré que poner una carita sonriente que acompañe al ok para que el receptor no interprete mi respuesta como grosera?

Después hicimos un ejercicio en el que cada uno pasaba al frente y decía una frase, cuyos elementos paraverbales y corporales mostraran un particular significado. Luego, tenía que decir esa misma oración, con exactitud de palabras, dos veces más, pero con significados distintos, los cuales expresaría cambiando los lenguajes paraverbal y corporal. La actividad resultó muy interesante.

¿Qué tanta atención pones a tu pareja cuando te comunica algo? ¿Le escuchas y le observas realmente, o mientras habla estás preparando tu propia respuesta? Deja el diálogo interno por un lado para que puedas concentrarte en el mensaje que te está transmitiendo. Escúchale con atención y respeto, sin interrumpir, hasta que haya concluido. No importa si no coincide con lo que piensas, ya tendrás tu turno para expresarte. Recuerda, la relación de pareja debe ser pareja, muestra el respeto que quieres recibir.

Aprender a clarificar.

Las puertas se abrieron y la gente comenzó a salir con equipaje en mano. Eran las 6 de la tarde en viernes y el aeropuerto estaba, como era de esperarse para un puente festivo, con mucho movimiento. Hacía tiempo que Víctor no veía a su primo Alex, quien vivía en Monterrey y había venido a pasar el fin de semana en Guadalajara. Víctor esperaba poder aprovechar la oportunidad para pasear y divertirse juntos. Llamó por teléfono a su esposa, Amanda, para recordarle que no lo esperara a cenar y no se preocupara. Después de hacer la llamada, apagó su celular para conservar la poca batería que le quedaba, dado que había olvidado el cargador y no creía tener oportunidad de recargarlo hasta regresar a casa.

Entre la muchedumbre distinguió la silueta de su primo y cuando se acercó lo recibió con un gran abrazo. Los recuerdos de su infancia haciendo travesuras juntos se agolparon y cobraron fuerza con la emoción del momento. La maleta de Alex se quedó en la cajuela del coche de Víctor, y ellos se pasaron la noche charlando y bebiendo unas copas de bar en bar. A las 8 de la mañana, cuando se disponía a regresar a su casa, encendió su celular y encontró registro de 70 mensajes de texto y 20 llamadas perdidas. La mayoría eran de su esposa preguntándole en dónde estaba y reclamando que el celular estuviera apagado. De inmediato la llamó.

- ¡Hola! Corazón. Buen día –saludó él calmadamente.
- ¿En dónde estás? –cuestionó Amanda con tono de reclamo.
- Con mi primo, estamos desayunando en un pequeño restaurante a la vuelta de la casa de mis tíos –contestó con naturalidad.
- ¡Qué descaro el tuyo! Estuve toda la noche preocupada, tus papás tampoco podían comunicarse contigo –continuó reclamando.
- No sé por qué tenías que llamar a mis padres –se defendió él cuestionándola a ella.
- Es que no aparecías por ningún lado, también llamé a los hospitales, me preocupé porque no llegabas. Y, para colmo ¡tu celular marcaba fuera de servicio! – insistió ella subiendo el volumen de voz a su queja.
- ¡Pero sí te avisé! –exclamó Víctor.
  –No es verdad, me dijiste que vendrías a dormir y no llegaste– insistió ella.
- ¡Y sí cumplí!, no he dormido en ningún lado, he estado despierto toda la noche –refutó incomprendido.

Para Amanda, la expresión "llego a dormir" significaba que su esposo regresaría en la noche para dormir con ella. "En la noche" era, a más tardar, a la una de la madrugada, tal como establecía el límite que imponían sus padres cuando ella era joven.

Para Víctor, significaba que estaría fuera paseando hasta que el cansancio lo venciera y entonces regresaría a casa para dormir. A la hora que fuese, durante la noche o en plena luz del día, lo importante para él era que cumpliría su palabra de regresar a dormir a casa. Así era como lo hacía en casa de sus padres cuando era joven y avisaba que saldría. Salvo que indicara que dormiría en otro lugar, podía llegar a la hora que quisiera, siempre y cuando regresara a casa a dormir.

A ninguno de los dos se le ocurrió preguntar ¿a qué te refieres? ¿Qué significa para ti "llego a dormir"? ¿A qué hora será eso? O, al menos, una hora aproximada. Porque ambos asumieron que hablaban de lo mismo. Y es lo que todos solemos hacer en la cotidianidad. Para alguien "vuelve a llamar al rato" puede significar "llama en 5 minutos" y para alguien más esa misma frase puede referirse a tres o cuatro horas más tarde. "Espera un momento" ¿cuánto es eso?

Pueden darse pequeñas e inofensivas confusiones o hasta graves conflictos cuando hablamos de cosas diferentes creyendo hablar de lo mismo. "No voy a salir de casa hoy" puede significar que no tengo un plan para salir, pero si me surge alguno lo haré. O que sólo iré a la tienda que está a dos calles y eso no es salir porque tardaré menos de 10 minutos. O tal vez, que de plano no pienso cruzar la puerta ni dar un paso fuera de casa porque me quedaré en pijama todo el día.

No aclaramos a qué nos referimos porque asumimos que los demás piensan igual que nosotros. ¿Qué es para ti pasar un fin de semana relajado? ¿Salir a pasear, quedarte en casa, o algo más? Necesitamos ser más específicos para saber que estamos hablando realmente de lo mismo, que nos queda claro cuáles son las condiciones de la oferta, petición, aviso, indicación, etc. Si no estamos hablando de lo mismo ¿cómo sabremos cuando se haya cumplido? ¿De qué estás hablando tú y de qué está hablando tu pareja?

Aprender a comprender.

No es lo mismo escuchar estando a la defensiva y preparando un contraataque, que ponernos en los zapatos del otro. Si realmente te interesa llegar a un acuerdo, tendrán que avanzar ambos hasta encontrarse a medio camino. No puedes esperar que el otro recorra todo el trayecto hacia tu lado, y ciertamente tampoco quieres dar tu brazo a torcer. Ceder es inyectar veneno a la relación de pareja. No cedas y tampoco pretendas que la otra persona lo haga. Busca un punto intermedio en el cual ambos sean beneficiados. Esa es la clave de la negociación: que todos salgan ganando.

Para ello, primero necesitas genuinamente colocarte en el lugar del otro. Averiguar qué le molesta, no solamente lo que con palabras te dice que le molesta, pues a veces ni nosotros sabemos qué nos pasa. Profundizar en su situación hasta detectar qué le duele, qué necesita, y qué le lleva a reaccionar así. No tomes por afrenta la opinión del otro. Aunque difiera de la tuya, al expresarla no te está atacando, sólo está externando su modo de ver las cosas.

Recuerdo dinámicas en clase en las que nos dividíamos en dos grupos, unos a favor de un tema y los otros en contra. Aun si, de manera personal, diferías con el grupo en el que te había tocado, terminabas valorando sus argumentos y su punto de vista.

Por ejemplo, si dividiéramos a un grupo de estudio para hacer un debate acerca de alguna ley, colocando aleatoriamente a la mitad de los alumnos que la apoyan y a la otra mitad que se oponen, es muy probable que algunos que están a favor quedarían sorteados para participar como parte de los que están en contra, y viceversa. Participar en el debate defendiendo una postura que no es la suya los obligaría a ver las cosas desde la perspectiva de quienes ven lo contrario. Y eso los ayudaría a entender por qué los otros ven las cosas como las ven. No necesariamente los haría cambiar de bando, aunque pudiera darse el caso, pero seguramente les haría más empáticos con sus oponentes.

La empatía es el puente que nos ayuda a conectarnos con los demás. Comprender al otro es un requisito para saber negociar. ¿Cuáles son sus necesidades? ¿Cómo se te ocurre que puedes mostrarle que te interesa su bienestar sin sacrificar el tuyo? Por más argumentos de peso que puedas tener y por más que tú tengas la razón, el otro se cerrará a escuchar tu postura si no muestras empatía.

¿Quieres saber cómo se siente tu pareja? ¿Quieres una probadita de su estado emocional? Iguala sutilmente su postura corporal y su respiración. Espejear es una técnica en la que igualamos no solo la postura, gestos y movimientos, sino que también a través de la respiración, logramos conectarnos con el estado emocional del otro. Imagina que te conviertes en él o ella y, desde ahí, piensa en una solución ¿cuál sería un punto intermedio que te haría sentir mejor? No esperes a que el otro comience, tal vez nunca lo haga. Empieza tú por mostrarle genuina comprensión y, quizá, te sorprenda la rapidez con que también se interesa por comprenderte.

Aprender a hablar.

Ayer iba caminando por un gran centro comercial. Tras atravesar las puertas de cristal en la entrada me encontré con una serie de locales comerciales a los costados, y bastantes "islas" colocadas prácticamente en fila una tras otra. El aroma de los humidificadores perfumaba el pasillo entero y una gran variedad de productos eran exhibidos en los escaparates de las tiendas. Al girar a la izquierda alcancé a ver, en la distancia, un rostro que me pareció conocido. Se trataba de mi amiga Vanessa, a quien hace tiempo que no veía. Tenía la intención de acercarme a saludarla, pero antes de que pudiera dar un paso, ella se giró y desapareció entre la muchedumbre.

Imaginemos que la vuelvo a ver hoy, por casualidad. Y que, al encontrarme con ella de frente le reclamo:
- ¡Mala amiga! No quiero volver a verte ni hablar contigo. No mereces mi amistad.

Probablemente, no entendería de qué se trata mi reclamo. Si le reclamara más específicamente, tampoco sería de mucho provecho.
- ¡Te vi en el centro comercial! Pero me viste y te diste la vuelta.

Estaría asumiendo que me vio y no quiso saludarme. La discusión terminaría desagradablemente y la amistad también. En cambio, ¿qué tal si le digo algo como lo siguiente?

- ¡Hola! Vanessa, ayer fui a la plaza y te vi a lo lejos. Me dio mucho gusto porque hacía tiempo que no te veía. Pero justo cuando iba a acercarme para saludarte, te diste la vuelta y te fuiste. No sé si no me viste, si traías prisa, o si es que estás molesta conmigo porque te hice algo sin darme cuenta. Ya no pude concentrarme en mis compras por la preocupación. Me gustaría saber si estás molesta conmigo por alguna razón-.

¿Cuál crees que sería la respuesta que recibiría con este mensaje? ¿Cuál es la diferencia con el anterior? En el primero asumí que mi amiga no quería verme y que no había una razón para ello, por lo tanto, la juzgué, la culpé y le reclamé.

En el segundo, hablé de mis sentimientos y de los hechos, sin suponer, le compartí lo que se me ocurrió que pudo haber pasado, pero sin darlo por real, confiando en que debe haber alguna razón que desconozco y dando la oportunidad de que me la comparta. Hablé de lo que a mí me pasó con lo ocurrido, sin culparla.

Karla estaba molesta porque su hermana le pedía prestado su teléfono móvil y se terminaba el saldo, así que le reclamó de la siguiente manera:

- Creo que hay que ponerle saldo a tu celular porque no puedes andar así.

Por supuesto, esta benevolente indirecta le entró a la hermana por un oído y le salió por otro. El segundo intento fue más asertivo y contundente:

- Ya en varias ocasiones me has pedido prestado mi teléfono. No sé si no tienes dinero para pagar tu propio prepago, si se te olvida hacerlo, te da flojera, o crees que no pasa nada porque en cualquier momento me puedes pedir que te preste el mío. Pero te has acabado mi fondo sin decirme nada, y cuando yo necesitaba hacer llamadas me encontré con que no podía. Yo me organizo y programo las fechas en que necesito hacer una recarga, de acuerdo con lo que estimo que necesitaré. Me enoja mucho tener que ponerle saldo de último momento porque tú te lo acabaste. Y si a ti no te importa quedarte sin prepago en tu celular y acabarte también el mío, a mí tampoco tiene por qué importarme las razones que tengas para andar así, ni me corresponde hacerme cargo. Así que quiero avisaste que ya no te lo prestaré más.

La metacomunicación es una herramienta útil que nos permite ir más allá de la comunicación, es decir, colocarnos como observadores para identificar nuestra conducta y la del otro desde una perspectiva más neutral y lograr ser más eficaces en lo que queremos transmitir.

Consiste en hablar acerca de cómo nos comunicamos, es decir, cómo nos relacionamos. Mencionar, por ejemplo, que cuando yo empiezo a hablar sobre mi trabajo, tú bostezas, entonces yo hablo más rápido porque creo que te estoy aburriendo, luego tú cambias de tema y yo te reclamo que no me escuchas. Se trata de analizar el ciclo que seguimos al comunicarnos, como si fuéramos un mero observador.

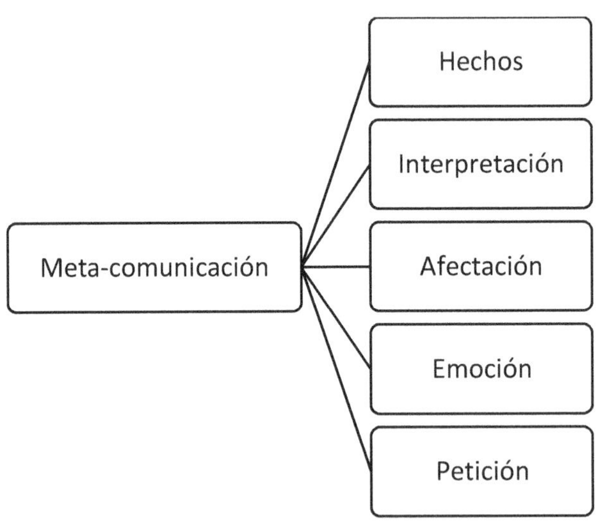

Cuando queremos pedir al otro que haga algo diferente a lo que está haciendo en la relación, o poner límites cuidando que no empeoren las cosas, es necesario seguir ciertos pasos (Stecca, C. 2004):

1. HECHOS. Describir lo que ocurrió, lo más objetivamente posible. Hablar de las acciones y conductas. Aunque creas que el otro ya lo sabe, conviene hacer una recapitulación de hechos. Sin juicios, ni suposiciones. En esta parte no se imprimen emociones, tomas una postura de observador, como si fueras alguien externo: "Te vi ayer en el centro comercial, tú te giraste y te fuiste".

2. INTERPRETACIÓN PERSONAL. Explicar qué piensas, asumiendo que es tan solo lo que crees, sin hacer conjeturas. Hablar de lo que supones como posibilidades, no como realidad. Sin dar por hecho, sin culpar. Si hablas de lo que piensas que pudo haber pasado aceptando que no te consta y reconociendo que tan solo es lo que tú piensas, el otro no estará a la defensiva, no habrá contra-ataque porque no estarás atacando: "No sé si no me viste, si traías prisa, o si hice algo que te molestó". Ejemplo: tal vez, no sé si…

3. AFECTACIÓN. Mencionar las consecuencias que te ocasionan sus acciones. Hablar de cómo te perjudica, de manera concisa y breve. "Después de eso, no pude concentrarme en mis compras".

4. EMOCIONES. Identificar y expresar las emociones que esa situación genera en ti. Hablar de lo que sientes, centrando la atención en lo propio y no en lo que hace el otro. Tienes derecho a sentir lo que sientes, y es algo que nadie debería juzgar o minimizar: "Me sentí triste por no poder saludarte y me preocupa que estés molesta".

5. NECESIDAD. Plantear lo que necesitas del otro, dejando espacio a la negociación. Pedir lo que esperas o comunicar

qué decisión tomas al respecto. "Me gustaría saber si hice algo que te incomodara".

Puedes encontrar un video en mi canal de You Tube titulado Metacomunicación, o también puedes encontrar el link desde mi página de Facebook @raquelvidald.

Cuando dialogamos con alguien, es importante hacernos responsables de nuestras opiniones y sentimientos, en lugar de culpar al otro o hacer conjeturas. No podemos asumir que lo que pensamos es la única y absoluta realidad. Es nuestra verdad, y el otro tendrá también su verdad. Cada uno vemos las cosas desde nuestra perspectiva.

Te sorprenderías al saber cómo pueden diferir tanto en su versión dos personas hablando del mismo evento. En terapia, cuando trabajo con una pareja en sesiones individuales, o veo familiares por separado, puedo formarme una idea más completa acerca de una situación porque no pongo en tela de juicio las contradicciones, me dedico a completar el rompecabezas. Trabajo con la realidad de cada uno.

Lily, cuyos padres se habían separado hacía un año, le escribió una carta a su padre, en la que le decía algo así: "Querido papá, las últimas dos veces que me has llevado a terapia, durante el camino has hecho comentarios negativos sobre mi mamá y su familia. No sé si es porque confías en mí, o tal vez no tienes ningún amigo con quién hablar, o si esperas que yo haga algo al respecto. Pero te confieso que pierdo el entusiasmo de verte, y he pensado en no subirme contigo a tu auto. No quiero que eso pase porque eres mi papá y te quiero mucho. Quiero que sepas que ese tipo de comentarios me lastiman, de la misma manera que me dolería si alguien hablara mal de ti o de tu familia. Por eso, quiero pedirte que por favor evites juzgar a mi mamá o a su familia, y mejor hablemos de otras cosas para disfrutar el tiempo que estemos juntos. Espero puedas comprenderme porque no es mi intención hacerte sentir incómodo. Sólo quiero que ambos nos veamos con gusto".

Podemos hablar acerca de cómo vemos las cosas, admitiendo que se trata de nuestra percepción o apreciación. Culpar al otro es, por ejemplo, decirle "me haces enojar". Tomar nuestra responsabilidad es, en este ejemplo, decir "me enoja lo que haces" o mejor aún "yo me enojo con lo que haces". ¿Qué obtienes al decirle "eres un mentiroso"? ¿Qué resultado te daría decir "me duele que me mientas"?

Hablar en primera persona del singular es centrarnos en el pronombre "yo" y arriesgarnos a tomar una postura. No es lo mismo decir "cuando te dicen tonto te duele" que decir "cuando me dices tonto me duele". Las palabras evocan una respuesta diferente en el cuerpo. Haz la prueba. Arriésgate a hablar de ti abiertamente con quien vale la pena.

Aprender a cultivar la honestidad.

Cindy estaba angustiada porque su novio, Iván, con quien llevaba seis meses, le preguntó acerca de su pasado. Ella temía ser juzgada o rechazada y su primera reacción fue mentir, para luego, confesar la verdad. Él montó en cólera y reaccionó con desconfianza.

¿Quién te dijo que debes ser un libro abierto y que estás obligada a responder a todas las preguntas que te haga tu novio? A Cindy no se le ocurrió que podía haber dicho algo como: "En este momento no quiero hablar de eso", "No me siento preparada todavía para hablar de ese tema", o "Creo que me gustaría dejar esa conversación para más adelante".

Iván tenía razón al molestarse porque ella le mintió. Sin embargo, ella había pasado por alto las señales de desconfianza que él había demostrado desde el principio. Desde el primer día que comenzaron a salir, él le pidió su celular para revisarlo y ella accedió. A partir de ahí, los celos por parte de él fueron aumentando y ella lo fomentó sin darse cuenta. Entre otras muchas cosas, había desbloqueado su celular para darle libre acceso y evitar discusiones, sin prever que eso agravaría el conflicto.

Creo que estamos de acuerdo en que la honestidad es un valor universal. Sin embargo, es muy probable que no tengamos una idea clara de cuáles son sus límites.

Cuando una virtud es llevada al extremo, cae en el terreno de los defectos.

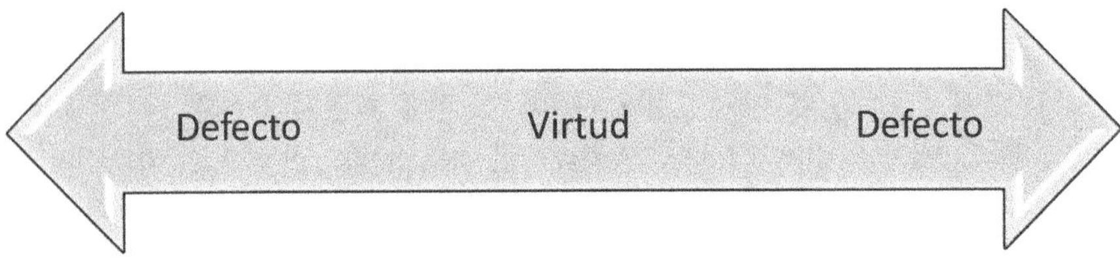

Demasiada honestidad se puede convertir en insensibilidad que hiere a los demás o en ingenua desprotección para uno mismo. Insuficiente honestidad es falsedad. De ahí la importancia de distinguir cuál sería un balance saludable.

Existe un espacio personal que es necesario cuidar por nuestro propio bienestar emocional. No es saludable contar a tu actual compañero todos los detalles de tus relaciones anteriores, pues no le corresponde saberlo. Hay cosas que debes guardar para ti. Conservar ese espacio íntimo es cuidarte tú y cuidar tu nueva relación.

No obstante, si hay algo en tu pasado que está afectando tu presente y que podría modificar tu relación actual si tu pareja se enterara, ello significa que es un tema de su competencia. Ocultarlo sería mantenerle bajo un engaño. Del mismo modo, cualquier cosa que ocurra en tu vida y de la cual, decirla o callarla ejercerá una determinada influencia en tu relación, entonces merece saberlo.

Es común que, cuando inicias una mentira, te ves obligado después a ir poniendo parches y seguir mintiendo para no ser descubierto. ¿No quieres decirle porque temes perderle? ¿En verdad quieres mantener a tu lado a alguien bajo engaños? ¿Quieres sentir que está contigo gracias a que eres excelente mintiendo o guardando secretos? ¿Hasta cuándo quieres vivir prisionero de un engaño? ¿Te gustaría que te mintieran de la misma manera? ¿Cómo te sientes sabiendo que el otro está contigo por tu disfraz? Si lo engañas, está a tu lado por lo que aparentas, no por ti.

Una cosa es conservar tu espacio personal, y otra muy distinta es guardar un secreto con alguien que tiene derecho a saber la verdad. Si le concierne, tiene derecho a enterarse. Si lo ocultas, estás engañándole. Si le engañas es probable que, en el futuro, inconscientemente busques expiar tu culpa en aras de restablecer el equilibrio y sufrirás en esa relación, pero por más que pagues no lograrás saldar la cuenta mientras persistas en la mentira.

Para que una relación de pareja sea plena, debe ser pareja. Guardar un secreto importante te coloca en una pseudo-posición superior, eres tú quien decide por el otro y robas su derecho a decidir. La balanza se desequilibra y abres una grieta que puede llegar a romper la relación. La honestidad es necesaria en cualquier relación de pareja. Si le has dañado, sé honesto y repara o compensa el daño. Más adelante encontrarás algunas ideas al respecto.

Las personas ocultan información crucial en la familia por diversas razones, las cuales, generalmente están asociadas con miedo, dolor, culpa o vergüenza. Intentan protegerse o creen cuidar de alguien, pero forman alianzas entre los que comparten el secreto y excluyen a quienes no. Es algo de lo que más perjuicio suele ocasionar, no solo a los involucrados sino también a otros miembros. Lamentablemente, las consecuencias se manifiestan a largo plazo y, muchas de las veces, los familiares no se dan cuenta de que fueron originadas a partir del secreto. La información importante se transmite, como ya hemos visto, no solo de manera verbal, sino a través de nuestra conducta.

Ser complaciente es otra forma de deshonestidad. Las personas podemos ser complacientes por miedo al rechazo o al abandono, por evitar el conflicto o la confrontación, o por querer proteger al otro y no hacerle sentir mal. ¿Qué es peor, la incomodidad de poner límites o las consecuencias de no hacerlo? Sergio X. Vázquez decía que se trataba de una paz barata. Te quedas frustrado y enojado contigo mismo. ¿Cómo puedes confiar en alguien que busca complacerte? ¿Cómo sabrás cuando es auténtico y cuando no lo es? Los límites son una combinación de verdad y amor a ti mismo y al otro.

No es fácil practicar la honestidad. Implica correr el riesgo de que la gente se enoje, se decepcione, o se vaya. Pero también significa que quien se queda realmente quiere estar contigo. Y la sensación de ser aceptados tal como somos es algo invaluable.

Aprender a delimitar.

Demarcar un lindero en una relación es dejar en claro cuál es la división entre lo que es aceptable para nosotros y lo que no lo es. Hay parejas que entran en una lucha de poder y pasan por alto las fronteras que intentan ponerse el uno al otro. Podemos escuchar a algunas personas decir que les cuesta trabajo poner límites y que "permiten" que su pareja abuse de ellas.

Como no existe la posibilidad de no comunicar, todo aquello que hacemos y lo que dejamos de hacer, le está indicando al otro cómo queremos que nos trate. Por ejemplo, si un amigo te da un empujón, tal vez estabas desprevenido porque no lo esperabas; pero si te da un segundo empujón es porque justamente lo que hiciste después del primero fue una clara invitación a que lo volviera a hacer.

- Pero ¡si no hice absolutamente nada!
- ¡Exacto! Como no hiciste nada, le enviaste el mensaje de que así te gusta que te trate.
- ¿Cómo le voy a decir algo? ¡Qué pena! ¿Qué va a pensar de mí? Me voy a ver mal.

El gráfico que incluí en el apartado de "Aprender a escuchar" es la distribución de porcentajes clásica que se maneja en la teoría de la comunicación humana. Sin embargo, yo le haría el siguiente ajuste para indicar que la mitad de la comunicación son nuestras conductas.

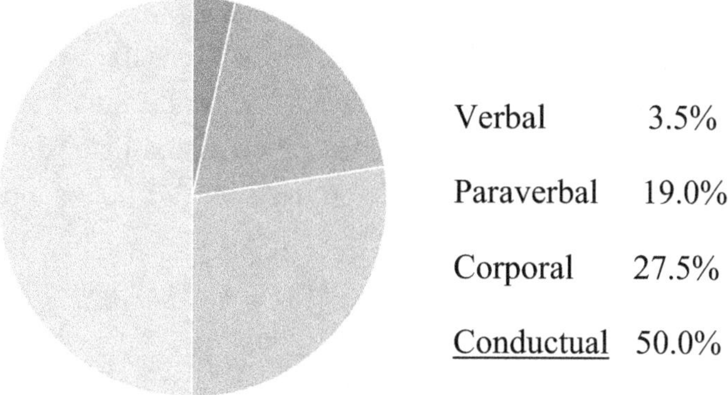

Si la comunicación es todo cuanto sucede entre dos o más personas, entonces no solo nuestras palabras, la calidad de nuestra voz y nuestros gestos corporales comunican, sino que también lo hacen nuestras acciones, y éstas últimas tienen mayor peso.

Emily estaba cansada de salir con chicos que de pronto se esfumaban de su vida sin siquiera dar la cara. Ansiaba tener una relación estable de noviazgo, pero solo conseguía tener varias citas antes de que el candidato en turno desapareciera. Con el último había durado seis meses, durante los cuales se habían visto solo seis veces, es decir, intercambiaban mensajes casi a diario, pero él la invitaba a salir una vez al mes. Las salidas consistían en una invitación a comer, luego iban al apartamento de ella donde veían una película para después tener relaciones sexuales. Hasta el siguiente mes, en que él la volvería a buscar y ella aceptaría salir de nuevo. Justamente tan solo por volver a salir con él después de haber pasado un mes de no verlo, ella estaba enviando el mensaje de que así estaba bien, que no era necesario que él "le propusiera ser novios" para obtener diversión y "un acostón".

Trabajamos primero con su relación con su padre, quien se había marchado cuando ella era una niña. Y cuando logró restaurar el vínculo nos enfocamos en los mensajes equivocados que enviaba con su comportamiento.

La siguiente sesión me sorprendió con la noticia de que ese chico le había llamado por teléfono tras seis meses de no saber nada de él, y ella había sido capaz de dejarle en claro que no estaba dispuesta a salir si no había una intención de inicar un noviazgo formal de su parte. Él argumentó que no estaba listo para eso y ella pudo dejar de soñar con lo que no iba a ser. Ya no iba a perder más su tiempo.

Miranda se quejaba amargamente con su marido suplicando que dejara de insultarla. Así lo hizo durante largos años… pero sus palabras no tuvieron peso porque no fueron acompañadas por acciones. Verbalmente podía ser clara en dejarle ver que se sentía herida y que no quería ser blanco de sus groserías. Sin embargo, parecía que la molestia se esfumaba rápidamente sin que él realizara ningún esfuerzo por cambiar. Ella continuaba preparando la comida, siendo cariñosa, y haciendo exactamente lo mismo de siempre. Siguió ahí, a su lado, a pesar de los gritos y los insultos...

Mónica se queja porque su novio no cumple con el trato que hicieron y no paga la mitad del alquiler del apartamento, pero ella paga por él. ¿Cuál es el mensaje que ella da? Ella fomenta esa conducta irresponsable en él.

¿Te atreverías a deberle dinero al famoso Padrino Don Corleone y no pagarle en la fecha estipulada? ¿Por qué no? No necesitas portarte como un gánster con tu pareja, ni con nadie. Pero creo que ahora puedes comprender cómo nuestra actitud determina el trato que recibimos.

El temor al rechazo o al abandono nos mantiene en una posición infantil. Como niños, podemos quejarnos y mantenernos en donde no somos felices. Como adolescentes, podemos juzgar mientras estiramos la mano para recibir, igual que los "chivos, mamando y dando de topes". Como adultos, amamos e intercambiamos, pero si el otro no responde y no somos felices en una relación, nos marchamos.

Constantemente, a través de lo que haces, les estás comunicando a los demás cómo quieres que se porten contigo. La primera pudo tomarte por sorpresa. A partir de la segunda, eres responsable. Podríamos decir que no es que lo permitas, más bien lo fomentas, o hasta lo provocas. No eres una víctima, eres copartícipe en cada interacción. No te gusta que te cele, que no cumpla sus acuerdos, que te culpe sin reconocer su responsabilidad, que te ignore, que te insulte, que te grite, que no coopere con las finanzas o con las labores del hogar, que te mienta, que te sea infiel… ¿Quieres seguir quejándote? ¿O vas a dejarlo en claro con tus acciones?

¿Qué puedes hacer? No lo sé, pero puedes empezar con hacer lluvia de ideas acerca de cómo vas a reaccionar para dejarle en claro que no tolerarás eso que te afecta. Betty me contó que su esposo Larry y ella habían hecho el acuerdo de que cuando fueran a visitar amigos o familiares regresarán a casa a más tardar a las 11pm, pero él solía pasarse de copas y quedarse por más tiempo. La última vez ella había insistido en marcharse, pero les dieron las 2am cuando apenas iban en camino de regreso.

- ¿Y qué hiciste?
- Sí le dije, que no me gusta que no respete el acuerdo -.
- ¿Y qué hiciste?
- Pues le recordé que teníamos un acuerdo y que otra vez no cumplió -.
- ¿Y qué hiciste?
- Es que ¿qué más puedo hacer?
- ¿Además de insistir? Que, hasta el momento, no te ha dado resultados, se me ocurren varias cosas. Una de ellas sería avisarle que si no cumple tomarás medidas. Cuando den las 11pm puedes avisarle que ya es hora y esperar unos minutos. Si ves que no se despide y sigue la fiesta, te subes al auto y

te marchas con las niñas, dejándolo ahí, o tomas un Uber -.
- ¡Mejor me voy en mi coche! Pero ¿y si a su familia no le parece? -.
- ¿Prefieres seguir así toda la vida con tal de que tu familia política no se moleste contigo? -.

Puedes pensar en varias respuestas diferentes y, al final, elegir la que te parezca más adecuada. Si no se te ocurre qué hacer, simplemente piensa en qué beneficios puedes cortar o retirar para dejarle en claro que habrá consecuencias cuando viole un acuerdo. ¿Qué cosas haces por él o ella que puedes dejar de hacer en señal de inconformidad?

¿Qué pasaría en un salón de clases si el maestro no hiciera nada cuando los alumnos no cumplen con sus obligaciones? ¿Qué pasaría con las leyes en un país si no se aplicaran sanciones por no respetarlas? Hacer acuerdos sin que existan consecuencias por no cumplirlos equivale a hacer castillos en el aire.

Aprender a generar confianza.

Recuerda la importancia que tiene en una relación de pareja pedir, en lugar de exigir. Ya vimos los efectos de ocupar un lugar que no nos corresponde. Por otro lado, necesitamos saber cómo pedir las cosas. Con la manera en como pedimos algo facilitamos o entorpecemos que el otro tenga claro qué terreno pisa. En la medida en que cumplimos lo que ofrecimos, mostramos qué tan confiables somos.

La confianza crece cuando cumplimos los compromisos que aceptamos. Y disminuye cuando no cumplimos. El compromiso parte de una petición y una aceptación, o de una oferta y una aceptación. Pero ¿por qué no se cumplen los compromisos? La mayoría de las veces, por falta de claridad.

Si tu pareja te pide "Por favor lava la ropa" puede ser que espere que la dobles y la guardes también. Pero si no especifica su mensaje, y no aclara cuáles son las condiciones de satisfacción para su petición, es muy probable que cuando hagas lo que crees que te pidió te des cuenta de que no fue suficiente.

Entre los errores más comunes está el no ser específicos en lo que pedimos. Omitimos detalles para no parecer pediches, insistentes, exagerados, por temor a la crítica o al rechazo.

Sin embargo, si el otro no conoce cuáles son las condiciones de satisfacción que esperas, corre el riesgo de creer que hizo lo que le pediste cuando para ti no era lo que querías.

Si tu pareja te pide "Por favor lava la ropa", puede ser que espere que la dobles y la guardes también. Pero si no especifica su mensaje, y no aclara cuáles son las condiciones de satisfacción para su petición, es muy probable que cuando hagas lo que crees que te pidió te des cuenta de que no fue suficiente. Como la mujer que pidió a su esposo lavar los platos, y se molestó porque no los secó, ni los guardó. Pero nunca dijo con exactitud qué esperaba con su solicitud.

Es importante preguntarnos ¿qué? ¿cómo? ¿cuándo? ¿dónde? ¿por quién? Y dar toda la información posible que le indique al otro cuándo habrá satisfecho la petición que le hicimos.

"¿Me acompañas?" preguntó él. "Sí" respondió ella. Luego, la estuvo esperando más de media hora hasta que perdió la paciencia y le reclamó. Pero sólo preguntó "¿Me acompañas?"

Tal como vimos en la parte de aprender a clarificar, no podemos asumir que estamos hablando de lo mismo cuando ni siquiera damos detalles suficientes. Mucho queda a la interpretación y luego vienen los problemas.

Pedir algo sin ser específicos sobre las condiciones de satisfacción desde un inicio, esperando hasta después para expresar lo que queremos, es una manipulación.

A veces, simplemente no pedimos lo que en verdad necesitamos. Como la persona que notó un ruido en su auto y lo llevó al taller. Pidió al mecánico que hiciera un balanceo a las cuatro llantas. Después regresó a reclamar que su coche seguía presentando el ruido. El mecánico respondió que había cumplido con lo que solicitó: hacer balanceo a las llantas. Al igual que Melissa pidió a Alan cuidar al bebé, en lugar de pedir que cuidara que el bebé no se ensuciara las manos.

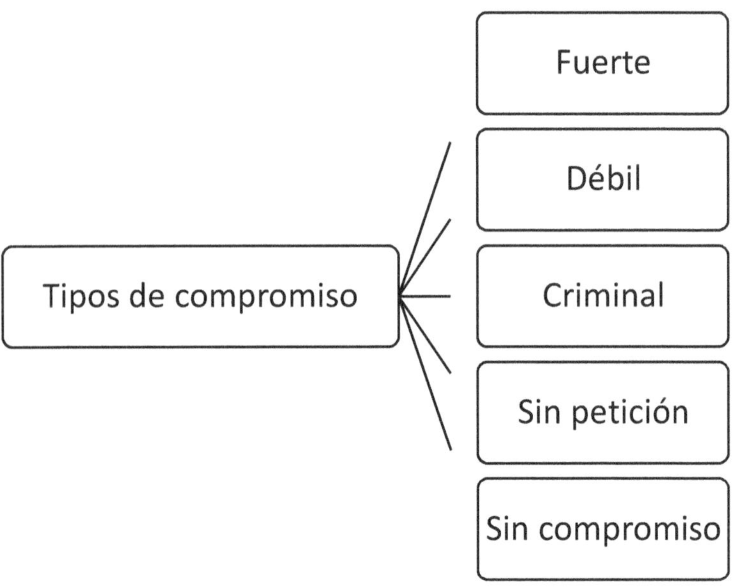

COMPROMISO FUERTE. Cuando todas las condiciones están claras y entendidas por ambas partes.

COMPROMISO DÉBIL. Cuando el que pide no aclara todas las condiciones desde el principio, o el que acepta planea cumplir solo si no surge algo mejor en el transcurso.

Eso debilita la confianza en la relación. No puedes comprometerte y cambiar de opinión porque surgió un nuevo plan con alguien más. O cuando el que acepta tiene una expectativa a cambio que no expresa.

COMPROMISO CRIMINAL. Cuando se hace un compromiso sin la intención de cumplirlo, o cuando convences a alguien en aceptar y hasta después aclaras las condiciones. Esto lacera tremendamente la confianza.

SIN PETICIÓN. Cuando se quiere algo sin pedir nada, esperando que el otro haga una oferta. Ejemplo: ¿Alguien ha visto qué sucia está la mesa? Esperando que el otro se ponga a limpiar. ¿Qué vas a hacer el viernes? Si respondes que estarás ocupado, evita la molestia de haber pedido y que le hayan dicho que no. Si resulta que estarás libre, entonces pareciera que estás obligado a aceptar cualquier cosa que te proponga.

Es una manipulación porque en realidad no se está arriesgando a pedir. No da margen de libertad para que el otro sepa qué quieres de él y pueda aceptar o rechazar la petición.

SIN COMPROMISO. Cuando damos por hecho la aceptación del otro sin haberla obtenido. Tal vez, suena bien, yo te llamo luego, buena idea, lo voy a pensar, creo que sí, a lo mejor, nos hablamos después, etc.

Ninguna de esas respuestas es una clara aceptación. No asumas que dijo que sí. Verifica. Cualquier cosa que no sea "si" o "no", "acepto" o "no quiero", no es un compromiso.

Otro problema es no saber negarse ante una petición cuando no quieres comprometerte. Podemos aceptar por un sentido de compromiso, por creernos obligados, por no herir al otro, etc. Aceptar bajo esta circunstancia creará en ti un resentimiento, a pesar de ser tú el responsable de ello.

Es necesario aclarar si aceptas o no cumplir una petición que te hacen. No inventes excusas o des elaborados argumentos, la variable no es tu disponibilidad o habilidad, sino tu voluntad o deseo. No recurras a pretextos, deja en claro que no quieres aceptar.

Saber declinar un compromiso es una habilidad que demuestra confiabilidad. El otro se da cuenta que puede confiar en que cuando aceptas es porque realmente quieres y cumplirás.

Dar largas, dar por su lado, o no ser claros en decir "no", no es una estrategia que evite incomodidad, molestia o dolor al otro. Todo lo contrario, será mayor su molestia con tu ambigüedad y posterior falta de cumplimiento.

Aprender a negociar.

Cuando en la pareja, cada uno quiere algo diferente, lo que toca es negociar. El primer error es entrar a una negociación con la idea de que te saldrás con la tuya. No puedes iniciar exigiendo, reclamando, o culpando. Primero, necesitas ser empático y averiguar cuál es el estado emocional de tu pareja en el momento en que pretendes convenir. Ya lo vimos en la sección de "aprender a comprender".

Una vez que te has puesto en sus zapatos para comprender su postura, antes de pedir lo tuyo necesitas mostrarte receptivo. Es importante que tengas claro no solamente cómo se siente, sino también qué es lo que quiere y cuáles son sus razones para ello. Es un buen momento para preguntárselo. No te dejes llevar por las aparentes razones, busca en lo más sublime, en los valores. No le interrumpas, contradigas, minimices o invalides cuando responda.

Escucha con atención y empieza a buscar el punto de encuentro entre lo que quiere y lo que tú quieres. Es probable que, aunque difieran en el cómo, coincidan en el qué. Muchas parejas discuten porque no están de acuerdo en algo que quieren hacer, aun cuando en el fondo, quieren llegar al mismo fin por caminos diferentes. Negociar es buscar un punto de encuentro, acoplarse mutuamente de manera equitativa.

Si la diferencia no radica en una injusticia y simplemente se debe a una discrepancia de opiniones, existen distintas posibilidades para llegar a una solución. El límite es su creatividad. Ni modo, si no coincidieron en querer lo mismo, ¡ya déjate de caprichos y sé flexible! No será lo que tú quieres y tampoco lo que el otro quiere. Buscarán algo que sea un poquito lo que cada uno quiere àra bemefocop de ambos. Eso es una relación de dos, no de uno.

Revisa los puntos que anotaste en la parte de "lo negociable" en tu lista de imprescindibles, negociables e irrelevantes. Es justo la categoría de aquello que estás dispuesto a "bajarle o subirle tres rayitas" para llegar a un acuerdo. No vas a exigir, vas a pedir, considerando que buscarán juntos un punto medio en el cual, ambos se sientan tomados en cuenta por el otro. Por supuesto, para cada acuerdo debe haber consecuencias establecidas, por ejemplo, reducción de algún beneficio para quien incumpla.

Aprender a compartir.

Compartir es partir algo con alguien, gozarlo juntos. Como vimos en el capítulo diez, para que la balanza se mantenga equilibrada, es necesario que haya equidad. No te quedas con más, y tampoco con menos, se reparten amorosamente.

Entre muchos temas que podrían tener lugar en el área de compartir en pareja, hay uno muy delicado que merece la pena tratar: el dinero.

Generalmente, el matrimonio es una sociedad legal. Como tal, debe manejar las finanzas con total claridad entre ambos miembros. Si uno oculta algo al otro, la relación se daña severamente, aun cuando no veas las consecuencias de inmediato.

Cuando uno de los dos maneja su propio dinero, le está diciendo al otro, implícitamente, "no quiero arriesgar mi estabilidad económica contigo, no te considero confiable". Mantener finanzas separadas es como estarse cuidando de la ineptitud o avaricia del otro. Entonces ¿para qué estás con él si no le tienes confianza?

Puede ser que tu compañero aprendió de su familia de origen que las finanzas se llevan aparte de la pareja, y para él así es lo normal y lo correcto. Si es así, no te apresures a exigir que fusione sus cuentas con las tuyas o que abran una cuenta mancomunada. Si es parte de su código legal familiar, le costará un poco romper con esa regla. Entonces, puedes amable y pacientemente abrir tus sentimientos y compartir tus necesidades pidiendo ser copartícipe y recibir la misma apertura y confianza que ofreces. Sin presionar, ni esperar que responda favorablemente de la noche a la mañana.

Si uno aporta más dinero que el otro, el que aporta menos capital puede aportar algo distinto, pero de igual valor. Por ejemplo, en los matrimonios en que el varón trabaja y es responsable del ingreso familiar, y la mujer se encarga del hogar y del cuidado de los hijos, ambos están aportando algo importante y están de acuerdo en funcionar así. El marido no podría salir a trabajar si tuviera que cuidar a los hijos, o tendría que pagar quién los cuide. La esposa está realizando una labor que, de no hacerla ella, costaría dinero a la familia; por lo tanto, está poniendo algo que también tiene valor. El problema es que, algunas veces, ni ella misma reconoce la importancia de su aportación.

Por eso, muchas mujeres que trabajan al igual que su pareja, además de eso se encargan de la mayor parte de las labores en el hogar, porque valoran el trabajo remunerado, pero no el esfuerzo que implican las tareas domésticas. Y no se percatan de que ponen mucho más, su incomodidad aflora al buscar conflicto reclamando en automático por cualquier otro asunto.

También ocurre que hay personas que esperan que el otro les comparta lo que tiene, mientras ellas quieren seguir con su "guardadito" sin poner de su parte. Como diría el chiste, pretenden funcionar bajo la premisa de: "Lo tuyo es mío y lo mío es mío".

No solamente necesitan los dos estar enterados de cuánto dinero tienen, y ambos tener acceso a su dinero, sino también hacer acuerdos para administrarlo. Los gastos menores puede hacerlos cualquiera, pero un gasto mayor debe ser consultado y acordado en pareja. Si uno es bueno para ahorrar y el otro es despilfarrador, tendrán que llegar a un acuerdo para hacer cualquier compra importante, lo que ayudará al despilfarrador a contenerse y al ahorrador a soltar un poco. Al casarse, como dice Chapman (2007), ya no se trata de "tu dinero y mi dinero" sino de "nuestro dinero".

Pueden hacer una lista de cuatro categorías, en la que dividan el tipo de gastos que consideran necesarios o urgentes, los que son importantes, aunque podrían esperar, los que representan un capricho personal o un gusto del que pueden prescindir, y lo que sería un gasto inútil o un desperdicio de su dinero.

Esta lista debe ser elaborada entre los dos, sin juzgar la manera de pensar del otro. Se puede pensar diferente y aun así ponerse de acuerdo en cómo se van a organizar. No todos pensamos igual en cuanto a qué cosas merecen la pena para gastar nuestro dinero y qué cosas serían un lujo para consentirse o representan gastos innecesarios o inútiles.

NECESARIO / URGENTE	IMPORTANTE / PUEDE ESPERAR	LUJO / CAPRICHO	INNECESARIO / INÚTIL

Aprender a comprometerse.

Jugando con la palabra "comprometerse" podemos verla como "prometerse con alguien". Por una parte, es importante cumplir lo que ofrecemos al otro. De no hacerlo, la confianza se irá deteriorando. Años después podrías preguntarte qué pasó y por qué acabó tu relación, sin ver que fuiste dañando tu matrimonio poco a poco hasta que lo dejaste en cenizas. No prometas cosas que no dependan de ti, y sólo ofrece aquello que estés dispuesto a dar. ¿Cómo cumples con tu palabra?

Por otra parte, la relación de pareja se desarrolla en etapas. Una fase debe concluir para dar inicio a una nueva. El enamoramiento es algo maravilloso, los enamorados flotan con la ligereza del ensueño. Cuando la etapa de atraer al otro poniendo tu mejor cara termina, los enamorados se desenmascaran y desnudan sus almas, uno frente al otro. Entonces los une la voluntad, la decisión de amarse mutuamente, el amor maduro. La evolución de esa decisión les lleva a consolidar una vida en común, sellando el compromiso con el matrimonio.

Según varios autores, la etapa del enamoramiento suele durar entre uno y dos años. Pasado un año de noviazgo empiezas a conocer verdaderamente a esa persona. Tan sólo es el comienzo, ya lo dice el refrán "Si quieres conocer a Andrés, vive con él un mes". Durante esos meses posteriores al primer año es cuando despiertas del ensueño, poco a poco. Es posible que detectes señales de alerta que antes ignoraste.

Si los novios contraen matrimonio durante el primer año de noviazgo, las probabilidades de éxito son demasiado bajas, aunque no imposibles. Es como jugar a la ruleta rusa habiendo insertado más de tres balas, esperando tener la suerte de salir bien librado. Literalmente, no puedes tener la certeza de algo que no estás viendo, todavía eres ciego a muchas cosas. Tu mirada está comprometida con tu deseo de que todo salga bien.

Si, en cambio, los novios permanecen juntos por muchos años sin casarse, quien se resiste a formalizar el compromiso le está comunicando al otro que no le interesa permanecer ahí por mucho más tiempo, que está de paso, tal vez si algo mejor se le cruza por el camino se marchará. Inclusive cuando viven juntos, el no querer casarse suele ser la resistencia de uno de los dos. Aunque aparenten estar ambos de acuerdo, generalmente es uno quien se resiste y otro que se conforma. Ese que se resiste hiere profundamente al otro.

Oliver era divorciado, había durado un año en su primer matrimonio. Tenía tres hijos con Verónica y llevaban casi dos décadas compartiendo una vida juntos. Él justificaba su negativa a casarse amenazando con el augurio del divorcio. Le decía que él tenía la maldición de separarse de la mujer con quien se casara y que, si quería que todo terminara, entonces debían contraer nupcias. Ante esta paradoja manipulativa, ella caía en la trampa de mantenerse en una relación en la cual se sentía poco valorada. Oliver aprovechaba el apego de Verónica para vivir aventuras cometiendo adulterio con la sensación de mayor libertad.

No todo el que se resiste a comprometerse en matrimonio está pensando en tener una aventura, pero indudablemente hay alguna razón por la cual no quiere avanzar en la relación. Si eres tú quien no desea casarse puedes preguntarte ¿qué te detiene? ¿Realmente amas a esa persona? ¿Es con quien te ves con el pasar de los años? Si es el caso contrario y tú sí estás dispuesto a comprometerte ¿cuánto tiempo quieres esperar a que por fin te correspondan?

Aprender a expresar amor.

Gary Chapman nos comparte los cinco lenguajes del amor y, junto con Jennifer Thomas, los cinco lenguajes de la disculpa en sus interesantes e ilustrativos libros.

Las personas podemos llegar a creer que alguien ya no nos ama porque no nos lo demuestra, ignorando que cada quien expresa amor con diferentes lenguajes. Si le preguntáramos al otro, posiblemente diría que muestra su amor todo el tiempo y que el problema es que no somos capaces de verlo o apreciarlo. Y tendría, en parte, razón.

Es como si tuviéramos un tanque imaginario dentro de nosotros, que necesita ser llenado diariamente con muestras de amor. Tal como un automóvil no se moverá si no tiene el combustible adecuado, nosotros difícilmente nos sentiremos motivados en una relación si sentimos que no somos amados.

Imagina que intentas pedir a alguien que te preste un bolígrafo, pero sólo hablas francés y el otro sólo habla mandarín. Supongamos que dibujar o hacer gestos corporales quedan fuera del ejemplo por fines prácticos, y que solamente es posible comunicarse de manera verbal. Ni tú entiendes su idioma, ni él el tuyo. Ahí te van a hallar, porque por más que le se lo pidas, no sabrá qué le dices y no te lo va a dar. No es que no quiera, es que no te entiende. Lo mismo si le dices que lo quieres mucho. Oirá tus palabras, pero sonarán como ruidos extraños que no sabrá interpretar. ¿Qué tienes que hacer para que comprenda tu mensaje? ¡Exacto: aprender a hablar mandarín!

Lenguajes del amor.

Haré una breve descripción, a mi manera, de los lenguajes propuestos por Chapman, confiando en que adquirirás sus libros para aprender con mayor detalle a expresar y pedir amor a tu pareja en los lenguajes adecuados para ambos.

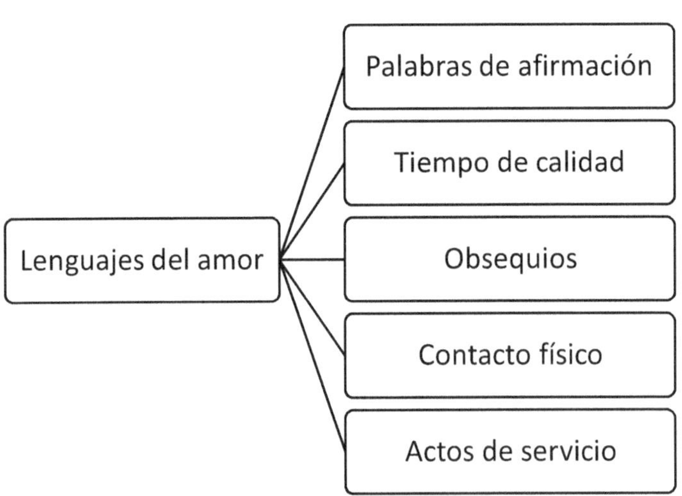

PALABRAS DE AFIRMACIÓN. La persona cuyo lenguaje predominante del amor es éste, necesita escuchar o leer lo mucho que la amas y cuánto aprecias lo que hace. No importa si te parece obvio, necesita escucharlo de tus labios. "¡Qué bien te queda esa ropa!" "Sabía que tendrías éxito en tu proyecto, ¡te lo mereces!". "Me siento afortunado de estar con alguien tan inteligente". "Me gustan mucho tus ojos, tu mirada es muy especial". "Nadie me hace sentir tan bien como tú". "¡Te amo!". Por mencionar algunos ejemplos.

Identifica qué es lo que más te gusta de él y exprésalo directamente, o comparte elogios sobre él con otras personas aun sin su presencia. Puede ser que necesites hablarle en el dialecto de su aspecto, de su personalidad, o de los sentimientos que despierta en ti. Lo importante es que cada día le des una dosis de amor en el lenguaje que suena como música para sus oídos.

Disminuye o suspende las quejas. Lo peor que puedes hacer es emplear las palabras para ofenderle. Una frase negativa puede ser como hierro cortante para esta persona.

TIEMPO DE CALIDAD. Esta persona necesita tu atención no dividida. Si están conversando, escúchala con atención, haz contacto visual, calibra sus emociones y no interrumpas. Muestra comprensión e interés en la intimidad que pueden generar al revelar sus sentimientos o compartir sus sueños. Es importante que te involucres realmente, no solo con tu presencia, sino que muestres interés por alguna actividad en común. Ya sea asistir a un concierto, hacer juntos un viaje, dar una caminata, cocinar o trabajar juntos en el jardín de casa. Lo transcendental no es la actividad en sí, sino la experiencia que comparten juntos.

Si tienes una agenda sumamente ocupada, cabe preguntarte ¿cómo organizas tus prioridades? Si realmente te interesa disfrutar de una relación de pareja armoniosa ¿qué tan dispuesto estás a invertir lo necesario para lograr el resultado que quieres?

Recuerdo a mi amiga Samantha contarme con tristeza, a su regreso de un viaje al bosque que hizo con su esposo para pasar juntos el fin de semana: "Estuvimos bajo el mismo techo, pero él se la pasó todo el tiempo en redes sociales, mientras yo hubiera querido platicar o salir a caminar entre los árboles".

¿Qué le gusta hacer? ¿Qué disfruta tanto que, si lo compartiera contigo, sería un deleite para él o ella? ¿Es posible que participes en algo que le apasiona? ¿De qué manera puedes involucrarte para mostrarle tu amor? Lo peor que puedes hacer es estar a su lado como si no estuvieras. Tu cuerpo está ahí pero tu atención divaga en otros asuntos, tu mente está en otro lugar.

OBSEQUIOS. Cuando esta persona tiene en sus manos algo que le regalaste, sabe lo mucho que te importa. Ese objeto es la prueba fehaciente de que pensaste en él cuando decidiste hacerle ese regalo, y ahí lo tiene. Un obsequio es la evidencia de tu amor. Refleja esfuerzo y dedicación en el tiempo que empleaste para hacerlo, para buscarlo, o en el dinero que gastaste para comprarlo.

Hacer un regalo apropiado implica que conoces a la persona y sabes cuáles son sus necesidades o sus gustos. Hay todo un proceso detrás que, para muchos puede pasar desapercibido, pero no para esta persona.

Luciendo su pequeño uniforme del colegio, mi hija, que estaba en primer grado de primaria, llegó un día sosteniendo algo en su manita empuñada y dibujando en su rostro una gran sonrisa.

- ¡Mira lo que me regaló Gaby! –exclamó al tiempo que abría su mano para que viera el contenido.

Tuve que contener mi cara de sorpresa y decepción para no herir sus sentimientos. En la palma de su manita había un puñado de puntas de lápices de muchos colores, de esas que se quedan a veces atoradas en el sacapuntas. Al parecer, su amiga había reunido cada una de las puntas y las había estado guardando para regalárselas. Para mi hija no era basura, ni algo inservible, se trataba de la dedicación de su amiga al pensar en ella para mostrarle su amistad.

Recuerdo un maestro en un curso que dí en una escuela secundaria, que dijo que no le gustaba gastar en regalos. Lo consideraba un desperdicio y una manera de tirar su dinero. Cuando alguien ahorra o invierte su dinero en un negocio para generar más capital, lo que está haciendo es comprar tranquilidad. No solo es una inversión monetaria, sino también emocional. Cuando compras un regalo para tu cónyuge estás invirtiendo en tu relación, estás comprando armonía.

Si tu pareja valora los obsequios más que otras cosas, necesitas regalarle algo prácticamente cada día. No necesariamente tienes que correr a la tienda o hacer un pedido en internet para demostrarle tu amor. Hay muchas maneras en que puedes hacerlo y de eso se trata, de emplear la creatividad y ser constante en expresarle cuánto lo quieres. Dejarle una nota, cocinar su platillo o postre favorito, regalarle un bolígrafo nuevo, una piedra bonita o una flor que encontraste en el camino.

Lo peor que puedes hacer es olvidar regalarle algo en ocasiones especiales como su cumpleaños, su aniversario, San Valentín o Navidad. Sería como si ya no le amaras.

CONTACTO FÍSICO. Esta persona siente que su cuerpo es ella misma. Si estás cerca de su cuerpo estás cerca de él o ella. Tocarle es mostrarle tu amor. La falta de caricias es una señal de desamor. Puede que su dialecto predilecto sea hacer el amor, o que necesite caminar tomados de la mano mientras cruzan el estacionamiento, o hacer contacto en la cama con los dedos de sus pies mientras miran televisión. Ya sea con la intimidad sexual, la cercanía en público, o el contacto continuo, busca la cercanía y tócale. Verás los resultados.

Lo peor que puedes hacer es serle infiel o usar el contacto físico para agredirle. Un jalón, un empujón, o un golpe, dejarán una marca que difícilmente se borrará. Entregarte a otro cuerpo que no sea el suyo será la más grave de las traiciones, porque justo lo que más anhela de ti lo entregas a otra persona.

ACTOS DE SERVICIO. Hacer algo por esa persona es amarla. Necesita ver que te importa tanto que le ayudas haciendo algo que necesita. Servir de corazón. La medida de tu apoyo es la medida de tu amor. Le impresionará que le hagas un favor que ni siquiera te ha pedido, pero que supiste que necesitaba. Ayudarle es mostrarle lo importante que es en tu vida y lo mucho que cuidas la relación. Si no se te ocurre qué hacer, pregúntale qué necesita o qué le gustaría que hicieras por él o ella. Escucha sus quejas y descubrirás qué espera de ti. No estás obligado a hacerlo, pero si lo haces lo tomará como un acto de amor. Valorará que colabores en los trabajos del hogar y responderá más cariñoso.

Lo peor que puedes hacer es que te pida algo y se te olvide hacerlo. Sería como una ofensa y una muestra de lo poco que te importa.

Lenguajes de la disculpa.

¿Te ha pasado que, aunque el otro se disculpe, sientes como si su disculpa fuera falsa o hueca? Es probable que no sepa cómo disculparse eficazmente y sólo diga "lo siento" a secas, sin más, como una pobre estrategia para que le "levantes el castigo" de tu enojo y no cargar con su culpa. Puede ser que no se ha disculpado en el lenguaje que reconoces y valoras.

Los lenguajes del amor son muy útiles para practicar el intercambio positivo en la relación. Damos algo bonito al otro, el otro nos lo regresa aumentado, y luego le damos algo más, también aumentado, y así…

Los lenguajes de la disculpa, por otra parte, nos sirven para practicar la compensación del intercambio negativo. Es hacer algo bueno para reparar el daño o disminuir el efecto de lo que hicimos. Aun si no fue nuestra intención, necesitamos reconocer el perjuicio que ocasionamos. Todos hacemos daño, no somos perfectos, herimos a las personas. Es necesario admitirlo y remediarlo.

Hace unos minutos recibí la llamada de mi amigo Martín, quien me preguntó, de acuerdo con mi experiencia personal y profesional, qué opino acerca de que una persona que decía que te amaba y que parecía ser capaz de dar todo por ti, llegue al punto de odiarte y desear perjudicarte. No es una cuestión sencilla, además, seguramente él tenía en la mente a alguien en particular al formular su duda y desconocemos el contexto de esa situación específica.

En términos generales, podemos pensar en muchos factores, ya hemos revisado a lo largo de esta obra cómo nos implicamos en asuntos de nuestra historia familiar y sacrificamos nuestra felicidad sin percatarnos de ello. Pero lo primero que me vino a la mente, al escuchar su pregunta, fue un grave desequilibrio en el intercambio. Uno dio demasiadas cosas positivas y el otro tomó demasiado, hasta el punto de que el deudor hizo algo negativo para terminar de romper el lazo y poder quedar en libertad. O uno hizo demasiadas cosas negativas y nunca compensó el daño, generando ira en el perjudicado y dejando que la injusticia acabara con su relación.

Podríamos llegar a un debate interesante entre terapeutas acerca de la conveniencia, en cuanto a beneficio o perjuicio, de abrir un secreto tan grave como una infidelidad. Cuando has hecho algo que sabes que ocasionaría una herida muy profunda a tu pareja si lo supiera, y lo ocultas para no tener problemas, estás tomando ventaja. Además del daño que hiciste, te beneficias con el engaño. Todos cometemos errores, pero si estás en una relación monógama, no podrás estar tranquilo porque de manera inconsciente buscarás pagar lo que hiciste, tal vez aguantando reclamos por otras situaciones, tolerando celos desbordados, o algo que sea como una piedrita en el zapato que no te deja avanzar. La homeostasis hace que busquemos el equilibrio, y si hemos hecho un daño sentiremos la culpa hasta haberlo subsanado. Esa culpa puede llevarte, como lo mencioné anteriormente, a pagar indefinidamente y terminar pagando con creces. ¿Qué es lo peor que puede pasar si confiesas lo que hiciste y ofreces compensar el daño? ¿Valdrá la pena pagar intereses excesivos para no enfrentar el riesgo de perderle? Y si le pierdes ¿será mejor sentirte liberado al saber que ya no hay nada qué ocultar? ¿Qué es más valioso, jugar a que una persona te ama solo porque no sabe la verdad sobre ti, o dejarla libre?

Por supuesto que no se trata de solamente confesar la verdad. El método exige que revisemos la historia familiar de cada uno para evitar repeticiones genealógicas e implicaciones que fomenten la búsqueda de problemas. Luego, siguen los lenguajes de la disculpa y las acciones específicas para compensar el daño.

He ayudado a parejas a superar la infidelidad, aun cuando el que lo hizo había mantenido el secreto por algunos años. ¿El ingrediente secreto? El interés y el compromiso que mostró para pagar su parte, y que el pago quedó establecido con tal claridad que ambos pudieron identificar cuándo la deuda estaba saldada para seguir adelante juntos, con mayor libertad, confianza y amor.

El objetivo principal de una disculpa debe ser siempre aliviar el dolor que ocasionamos al otro. No debemos enfocarnos en aligerar nuestra culpa o pretender que las cosas sean como antes como por arte de magia. Si te justificas o culpas al otro, tu disculpa pierde fuerza y eficacia. Si ambos se han hecho daño, toma tu turno para disculparte por lo que te toca, y una vez que su herida haya sanado, podrás pedir que también se disculpe. Si no lo hace, la decisión de continuar así o marcharte será tuya. Definitivamente, no es saludable continuar con alguien a quien parece que tus sentimientos no le importan.

Cuando alguien hiere al otro y no se disculpa de manera adecuada, el ofendido puede guardar resentimiento e intentar cobrarse "a la mala", de manera encubierta y desproporcionada. La víctima puede castigar al ofensor con una penitencia que parece no tener fin. Y el que cometió el error podría pagar intereses de más, ignorando cuándo ha liquidado su deuda. Disculparnos en los cinco lenguajes nos permite mirar la ofensa en su justa dimensión y reparar el daño de manera conciente y amorosa, para identificar también cuándo la herida ha sanado.

Mi sugerencia es que no te limites a disculparte en un solo lenguaje. Una disculpa completa, con los cinco lenguajes, será muy poderosa. En especial porque cada uno de los lenguajes de la disculpa se enfoca en un aspecto diferente, y en términos de equilibrio, ayuda pagar la deuda. Vale la pena el esfuerzo si sirve para reparar tu relación y recuperar la armonía ¿no crees?

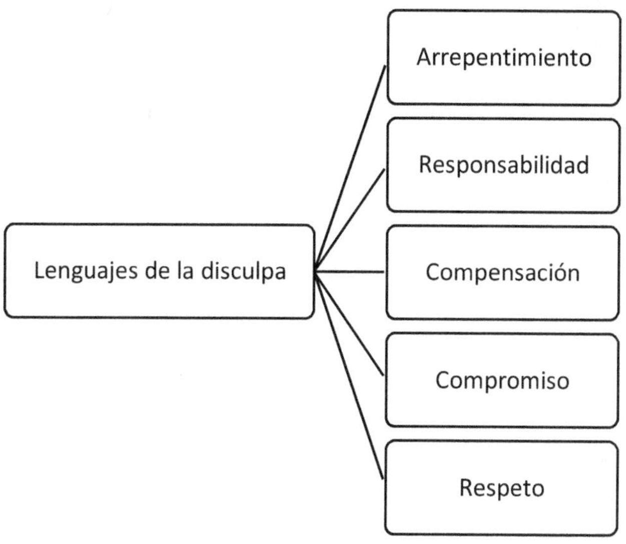

ARREPENTIMIENTO. Esta persona necesita escuchar que lamentas haberle herido. "¡Lo siento!". Necesita saber que eres capaz de ver su molestia o su dolor. Que te arrepientes porque hubieras querido no causarle ese sufrimiento. Tan solo eso, que lo reconoces y te duele que le duela.

Actuar como si nada hubiera ocurrido empeora la situación. Y no puedes esperar que, con dejar pasar un tiempo, el problema se resolverá por sí solo y cuando vuelvas a dirigirle la palabra actuará normal y amorosamente. No, no le hicieron una operación cerebral y le extirparon el recuerdo junto con el dolor asociado a él. Si reacciona con aparente normalidad ¡cuidado! Dar carpetazo a un intercambio negativo sólo hará que se acumule la deuda hasta el punto en que el desequilibrio pueda ser irreparable y no haya marcha atrás.

RESPONSABILIDAD. El otro necesita saber que comprendes por qué no fue correcto lo que hiciste. Por lo tanto, necesita escuchar tu explicación acerca de cómo fue que te equivocaste y por qué estuvo mal. Tal vez lo que hiciste no fue algo malo, pero si le heriste, entonces no estuvo bien.

Si no se lo dices podría quedarse con la impresión de que no tienes ni idea de cómo le lastimaste y que no te importa, o tú podrías creer que se trata de una cosa e ignorar qué fue exactamente lo que hiciste y cómo le heriste. No confundas con justificarte y explicar tus razones, se trata de dejar en claro que entiendes que estuvo mal.

COMPENSACIÓN. Creo que esta es la parte más importante para recuperar el equilibrio en el intercambio en la pareja. Necesitas pagar tu deuda. Cuando alguien se queja de lo que le hiciste, es porque necesita que hagas algo para aliviar su dolor. Le interesa continuar la relación contigo, y por eso trae el tema a colación. "¡Tienes memoria de elefante! ¡Eso ya pasó y quedó atrás!". No, no ha quedado atrás puesto que no has hecho lo suficiente para resarcirlo.

Lo ideal es reparar el daño. Si no es posible, al menos puedes hacer lo mejor que puedas por resarcirlo. Es decir, haces algo a cambio para subsanar la ofensa o aliviar el dolor que ocasionaste. Si no se te ocurre qué hacer, esta es otra oportunidad para preguntarle qué puedes hacer para compensar tu error. Si te responde que no tiene idea, comparte las ideas que a ti se te ocurren para ver si alguna le parece suficiente. La intención es recuperar el balance, y tal vez necesites pagar con intereses para no quedar en números rojos. Hiciste algo negativo, y ahora buscas reponerte haciendo algo positivo. El indicador es el malestar de tu pareja, cuando hayas logrado reparar o compensar tu acción, mitigarás su malestar. Cuando la herida sane, ya no habrá más queja de su parte con relación a ese evento.

COMPROMISO. No basta que le prometas que no lo volverás a hacer. Sí, necesita escuchar de tu viva voz que jamás volverás a hacerlo. Pero no es suficiente si tus acciones no reafirman tus palabras. Las palabras se las lleva el viento.

Debes mostrar un verdadero compromiso en no volverle a herir como lo hiciste. Inclusive si se trata de algo que para ti es casi imposible prometer porque prácticamente escapa a tu control. Si lo haces como por impulso o costumbre, es necesario que muestres que te importa a través de tu esfuerzo y de avances progresivos. Que seas constante para que resulte evidente que te esmeras en disminuir la frecuencia de aquello que le hiere.

Por supuesto habrá que diferenciar qué tipo de conductas ameritan no repetirlas, y en cuáles basta un esfuerzo progresivo. No puedes esperar que acepte que le digas: "Tendré menos amantes" o "Intentaré golpearte menos".

RESPETO. Pedir perdón es reconocer el derecho que tiene el otro a sentirse como se siente y a elegir su reacción sin coerción o presión de tu parte. Admites el daño que hiciste y no le culparás si no puede perdonarte. Eres capaz de ser paciente y esperar a que tome la decisión de continuar o no la relación, mientras intentas compensar la balanza. Sin tirarte de tapete para que te pisotee o abuse de su posición superior. Amorosa y dignamente asumes lo que hiciste y le brindas tu comprensión.

Una disculpa de más de un lenguaje sería algo así como: "Lamento que te hayas sentido poco importante por la manera como te hablé, no era mi intención herir tus sentimientos. Y aunque para mí sea normal hablar así, entiendo que para ti no lo es. Tienes derecho a sentirte dolida y decírmelo, me interesa estar bien contigo. Me gustaría invitarte a comer para poder platicar y pasar tiempo juntos, si aceptas. Te prometo que de hoy en adelante pondré cuidado en la forma que te hablo para mostrarte lo mucho que me importas. Te pido un poco de paciencia, pues iré aprendiendo ¿está bien para tí intentarlo de esta manera?"

¿Pudiste identificar los cinco lenguajes de la disculpa en el ejemplo anterior? Sí, ya sé, seguro estás pensando en cómo debió o debe disculparse contigo tu compañero. Conforme ibas leyendo, imaginabas cómo sería si admitiera y compensara lo que te ha hecho. Pero si has llegado hasta esta parte del libro es probable que ya hayas revisado si esa persona es en verdad con quien quieres hacer pareja y hayas tomado una decisión. Si no es para ti, tal vez continuaste leyendo para informarte y estar preparado para una próxima oportunidad con alguien más.

Si elegiste continuar con tu pareja porque se aman, ambos están dispuestos a trabajar por la relación y sus problemas tienen remedio, entonces deja de centrarte en las disculpas que te gustaría recibir y empecemos porque te disculpes tú.

Una vez que hayas hecho tu parte para reparar lo que te toca, y dejando pasar un tiempo, podrás pedir que enmiende lo que le toca. Al cabo, si eres mujer y, si es cierto que las mujeres tenemos memoria de elefante para recordar nuestras heridas, entonces no se te va a olvidar, no te preocupes. Si has ido trabajando en los ejercicios propuestos en este libro, ya tienes tu lista de las heridas sin sanar; seguramente encontrarás el tiempo para pensar en la compensación que esperas y anotar tus ideas.

He trabajado con parejas que buscaron mi ayuda para superar la infidelidad, y he visto cómo la honestidad y el compromiso para compensar la herida han logrado resultados positivos y duraderos. No lleva mucho tiempo arreglar los problemas, siempre y cuando se haga de manera clara, abierta, honesta y comprometida.

Hay otro libro muy bueno que puede serte de utilidad. Se titula "Amor y respeto". Trata acerca de las relaciones heterosexuales y explica cómo, en términos generales, las mujeres necesitamos muestras de cariño y los hombres necesitan muestras de reconocimiento. Si él no se siente respetado por ella, no se portará amoroso. Si ella no se siente amada por él, no le reconocerá su esfuerzo. (Eggerichs, E. 2010).

De esta manera pueden entrar en un círculo vicioso en el que ambos se sienten desmotivados para demostrar su amor, porque sus necesidades son diferentes y no se percatan de cuál es la clave para cada uno.

En la vida puedes perder a muchas personas, pero siempre te tendrás a ti mismo. Te puede haber faltado el cariño de tus padres, pero ahora eres adulto y puedes procurarte lo que necesites. La autoestima se edifica en casa, y se alimenta cada día a través de nuestras acciones.

La autoestima, o aprecio por uno mismo, depende del autoconcepto, que es lo que pensamos de nosotros, y el cual, a su vez, parte de la autoimagen, que es la manera en cómo nos percibimos, lo que vemos al mirarnos al espejo.

Un problema muy común es que cuando enfocamos, pareciera que traemos unos anteojos puestos, el filtro de la opinión ajena. Podemos vernos gordos estando flacos, feos estando guapos, tontos siendo inteligentes, etc. Porque esos calificativos dependen más de quien los otorga que de a quién se los dirigimos. Son cuestión del que los proyecta, pero afectan al que se los apropia. No seas quien los emita, ni a otros ni a ti, y no tomes los que otros arrojen.

Desde este momento, aprende a no criticar a otros colocándoles etiquetas de juicio. Una cosa es desahogarte por algo que te hicieron y hablar de la acción, y otra muy diferente es calificar a las personas. Si alguien no te ha hecho daño y le juzgas por cómo es, cabe averiguar cuál es tu proyección. ¿Qué es lo que esa persona te refleja que no eres capaz de ver en ti? ¿En qué se parecen tanto que te desagrada? ¿Qué es lo que todavía no aceptas en ti o que no has podido lograr?

Si te la has pasado buscándole tres pies al gato y encontrando "pero's" a todas las parejas potenciales que conoces, si ya revisaste para qué buscas quedarte sin pareja, a la par que trabajas con tu implicación haciendo cosas para solucionarla, puedes ir trabajando con tu autoestima. No dejaré de insistir en que: la autoestima se edifica en casa, pero tú la nutres o la desnutres cada día.

Además de no ser nuestros peores jueces, es importante aprender a darnos amor, regalarnos muestras de cariño que nos hagan sentir importantes. ¿Quién dijo que no deben provenir de nosotros mismos? ¿Quién dijo que es pecado amarse a sí mismo? ¿Qué no hay un mandamiento que te dice que ames a tu prójimo como a ti mismo? ¿No es esa una clara indicación de que debes amarte? ¿Cómo puedes mimarte y consentirte, al menos, de vez en cuando?

Podemos hacer muchas cosas para mostrarnos amor, dependiendo de qué es lo que a cada uno le hace sentir bien y nutre su corazón.

A mí me gustan mucho las malteadas. La primera vez que fui sola a una cafetería, a sentarme en la terraza disfrutando tranquilamente de una, me sentí soñada. He encontrado lugares donde sirven unas ¡como para relamerse los bigotes! Además de una gran variedad de exquisitos sabores, tienen una consistencia tan espesa que tienes que utilizar un popote extra ancho a fin de poder sorber.

Suelo tener en casa fruta congelada porque con frecuencia preparo mis propios batidos. En menos de cinco minutos, con un poco de leche de almendras, plátano y frutos rojos, puedo deleitarme con un smoothie vegano ¡tan espeso como me apetezca!

También me gusta mucho nadar. Estoy inscrita en un club acuático y nado tres veces por semana. Cuando estoy en la piscina, disfruto el movimiento de mi cuerpo y la sensación del agua acariciando mi piel. Me gusta esforzarme y terminar exhausta después del ejercicio, pero más que nada es una oportunidad de gozo para mí. Algunas veces, ¡podría decirse que tengo una experiencia sensual conmigo misma y el agua!

Unos meses estuve entrenando danza aérea y me encantó. Si te gustan las actividades físicas, pero no te es posible inscribirte en algún centro deportivo, hay una gran variedad de opciones para hacer en casa, puedes buscar tutoriales de baile, zumba, etc. Hablando de tutoriales, hoy en día se puede encontrar casi de cualquier cosa: cocinar, pintar, dibujar, tocar instrumentos musicales, y muchas cosas más.

También hago un poco de meditación cada día, utilizando una aplicación en mi celular que ofrece muchas opciones para practicar mindfullness. He visto muchas otras aplicaciones similares que puedes descargar gratuitamente. Con tan sólo unos minutos diariamente puedes agudizar tu atención, aprender a relajarte y disfrutar más tu día. Suelo hacer también unos tres a cinco minutos de ejercicios de estiramientos matutinos porque me parece una forma de reactivarme, además de que son útiles para mantener la flexibilidad.

Como verás, no es necesario dedicar muchas horas al día para hacer algo que te haga sentir bien. Paso a paso, se llega lejos. Con un poco cada día puedes lograr grandes resultados. Lo importante es la intención de estar bien y la persistencia para llevarlo a cabo. No pasa nada si de pronto te olvidas de hacerlo, cuando te des cuenta que lo has dejado, puedes retomarlo.

Mantenerte en forma y arreglarte para ti mismo es una buena idea. Repito, para ti mismo, no para los demás. Sentirte atractivo es otra forma de fortalecer tu autoestima. No sólo siendo bello por dentro. El paquete viene completo ¡sácale provecho!

Cultiva tu mente, lee, infórmate, escucha música, etc. Busca tu crecimiento personal a través de algo positivo y el logro te hará sentirte bien.

Haz una lista de cosas que puedes hacer que no dependan de alguien más. ¿Qué te gusta hacer? Haz una lluvia de ideas de actividades y cosas que te reconfortan: bailar, cantar, leer, escribir, dibujar, pintar, pasear, sentarte en una banca de un parque para ver a la gente pasar, ir a escalar a la montaña, tomar fotografías, observar una puesta de sol, meditar bajo las estrellas, comer chocolate, poner flores en tu jardín o como centro de mesa en tu comedor, estudiar y tomar clases para aprender algo nuevo, etc.

Tal vez sea buena idea ir a hacerte un corte de pelo, contratar un masaje relajante, ponerte una mascarilla rejuvenecedora, hacerte una manicura o pedicura, armar ese modelo de auto a escala, hacer una limpieza exhaustiva de tu armario, construir esa pieza de carpintería, retomar el curso que dejaste a medias, o involucrarte en un proceso de terapia personalizada para estar mejor. La lista depende de tus gustos, tu imaginación y tu voluntad.

Hay un video que me encanta acerca de la autoestima. Te recomiendo verlo, puedes buscarlo subtitulado en YouTube bajo el título de "When the chips are down". En una conferencia para docentes, el pedagogo Richard Lavoie, explica la autoestima haciendo una analogía con fichas de póker y concluye que la labor de todo maestro o padre de familia es sencilla: lograr que cada niño tenga más *fichas de póker* o autoestima al final del día en relación con las que tenía cuando llegó contigo.

Y podemos aplicar esta enseñanza con nosotros mismos como adultos, nuestra tarea es identificar cuántas *fichas de póker* tenemos al despertar y asegurarnos de que, cuando nos vamos a dormir, tenemos al menos una más. Podrás perder algunas fichas durante el día, todos arriesgamos y perdemos en algunos proyectos o al lidiar con algunas personas, pero de ti depende obtener más a través de hacer aquello que te hace sentir capaz, justo eso que nutre tu autoestima. No esperes a que otros te regalen fichas con su reconocimiento ¡tú puedes darte las fichas que necesitas!

Si eres capaz de darte el amor que necesitas, ¿para qué andar mendigueando migajas de alguien que no sabe valorarte? Si responde ¡qué bueno! Si no corresponde ¡ahuecando el ala, que detrás hay fila en espera!

Conviértete en el mejor amante que puedes ser, enamórate de la vida y enamórate a ti mismo. El amor llega cuando el amante está listo.

Capítulo 13

LA CELEBRACIÓN

La vida ¡hay que celebrarla!

La fiesta ¡a disfrutar, se ha dicho!

El canto de los pájaros que reposan en las ramas de los árboles alegra la soleada mañana anunciando la primavera. Un par de ardillas saltan de un árbol a otro y se detienen a comer un poco de fruta. Gloria observa a través de la ventana de su habitación y suspira. No sabe cómo será su día. Ha organizado sus actividades para la agenda de hoy, pero sabe que los días se construyen entre planes e imprevistos. Lo que sí es seguro es que, pase lo que pase, no perderá oportunidad para disfrutar y ser feliz. Tal como el símbolo del yin yang tiene un punto blanco en su parte negra y un punto negro en su parte oscura y, a la vez, ambas partes interactúan en movimiento, ella ha desarrollado ya la habilidad de encontrar el lado positivo de las cosas y sacarle provecho.

Como en cada alba, inicia su rutina preparándose para ir a trabajar, se mira al espejo y evoca el recuerdo de su abuela materna. Le dedica su felicidad para esa jornada y sella el compromiso con una sonrisa. Después, da un beso a su marido, abraza a sus hijos. Y comienza su día…

Honrar a nuestros antepasados.

Deja volar tu imaginación lo más atrás en el tiempo hasta tus dos primeros antepasados. Dejemos de lado las cuestiones filosóficas acerca de cómo pudo originarse la vida o quién fue el primer ser humano sobre la Tierra. Tal vez sea más fácil si pensamos en una sola persona, para efectos de esta visualización. Si eres hombre, piensa en un ancestro hombre cada vez que yo mencione a una mujer durante este ejercicio.

Imagina a la primera mujer en tu linaje. ¿Puedes verla en su hábitat? ¿Cómo era su aspecto y cómo vivía? Intuye qué peligros tuvo que sortear para poder sobrevivir y dar a luz a su hija, para pasar la vida más adelante. Piensa en los obstáculos que libró para poder cuidar a esa niña y que ésta llegara a la etapa adulta y también tuviera la oportunidad de transmitir la vida más adelante a través de su propia hija. Y ésta, también al crecer hizo lo propio, a su manera, adaptándose a su entorno y haciendo lo que pudo para sobrevivir como le fue posible, para luego dar a luz… Y así, cada una de las mujeres en tu linaje, todas aquellas que estuvieron antes que tú y a quienes les debes que se mantuvieran con vida y que la transmitieran, pese a las adversidades que les tocó padecer. Cada una nació y creció bajo ciertas condiciones, cada una modificó lo que le fue posible y aceptó las limitaciones que le fueron impuestas y que no estaban bajo su control.

Tú eres realmente afortunado. Tienes mucha suerte. Y en tus manos está tu destino: ¿qué vas a hacer con lo que te ha tocado?

La práctica hace al maestro.

Honrar a tu padre y a tu madre. Para algunos es un trabajo de toda la vida, otros aprenden más rápido. Recuerda, no es la rapidez sino la constancia lo que te ayudará a sanar el vínculo. Tanto si necesitas dejar atrás tu resentimiento con alguno de tus padres, o respetar su destino sin intentar hacerte cargo de su bienestar, es importante poner en práctica lo que has aprendido para que, poco a poco, se vaya instaurando en ti el hábito de la solución.

¿Qué vas a hacer para celebrar la vida cada día? ¿Cómo serás un vivo ejemplo de lo que es sentirte agradecido, afortunado y comprometido a apreciar lo que has recibido? Deseo que, a partir de este momento, no te conformes con menos y luches por lo que quieres. Pero no en una lucha infructuosa perdiendo tiempo tocando puertas que no se abren. Luchando sí, pero haciendo realidad tus proyectos paso a paso, acercándote a la cima de la montaña de tu objetivo para, una vez alcanzándola, divisar otra montaña más alta y volver a escalar, con la mirada puesta en tu meta y gozando cada momento del camino.

Tener presente el motor que te impulsa.

¿Cuál es tu razón para ser feliz? ¿Qué te impulsa a disfrutar la vida? No pierdas la brújula en ningún momento, ésta te ayudará a llegar a tu destino. Ya sea que se trate de agradecer y honrar a tu madre o a tu abuela; de dar un lugar a tu hermano, o de buscar la felicidad para transmitirla a tu hijo, dedica tu esfuerzo a alguien especial. Los seres humanos vivimos de los vínculos, son el alimento para nuestra alma.

Si profesas alguna religión, piensa en tus valores y en el camino espiritual que te acerca a los demás y a la fuente de la vida, a Dios o como quiera que le llames.

Si te sientes solo o desconectado y, por más que le das vueltas, no encuentras a alguien a quién dedicar tu esfuerzo para vivir bien, dedícatelo a ti mismo ¡vales la pena! Que tus metas sean tu motor. En la medida que aprendas a disfrutar más de la vida, te sentirás más conectado con los tuyos, sea como sean, son tu origen, de donde te vino la vida.

Morir es fácil, vivir no lo es tanto. Busca tu musa, tu inspiración, tu fuente de motivación, así se trate de los hijos que sueñas con algún día tener, o una noble meta a alcanzar. Fija tu mirada en la sensación de llegada al punto que quieres. ¿Hay algo especial que quieres conseguir? ¿Hay alguien tan importante para ti por quien vale la pena disfrutar el viaje? ¿Qué te motiva? ¿Qué es tan sublime que te impulsa a luchar y mejorar?

Aprender a confiar y relajarte.

Disfruta de ti en tu matrimonio. Si temes que esa persona se vaya, dejarás de ser tú para intentar darle gusto. Y el resultado será que afectarás más tu autoestima porque te quedará la duda de si se habría quedado a pesar de ser tú mismo. El apego es fuente de sufrimiento porque dependes de aquello que crees que no eres capaz de soltar.

Un ave es capaz de posarse sin temor en la rama de un árbol porque sabe que, si ésta se llega a romper, puede volar. Del mismo modo, una persona puede confiar en sí misma y en sus recursos, y relajarse para disfrutar su noviazgo o su matrimonio con alguien. Es fuerte y no tiene miedo de que ese con quien está se vaya, pues reconoce que no necesita de él o ella para vivir. Si esa relación termina, anticipa que le dolerá, pero también comprende que la tristeza pasará, saldrá adelante y estará bien. Al igual que el ave, sabe que si la rama se rompe ya no podrá descansar ahí y tendrá que batir las alas un rato. Sabe que cuando encuentre otro árbol y le parezca oportuno, podrá posarse en otra rama.

La vida es como un gran bufet. El tigre no se angustia pensando en qué va a comer el día de mañana, confía en que la naturaleza ha puesto lo necesario para él y sabe que, gracias a sus habilidades, él mismo podrá tomarlo. No se queda esperando a que la madre naturaleza le ponga el bocado en la boca, trabaja y va por ello. Una persona es capaz de iniciar una relación amorosa con alguien porque sabe que si resulta no ser lo que quiere y la relación no funciona, puede marcharse y buscar en otro lado. ¡Atrévete a besar sapos! Ten la confianza de que aprenderás a distinguir las señales y no te quedarás con quien no es para ti.

El final lo reescribes cada día.

Cada día es una nueva oportunidad de vivir, desde que nos levantamos hasta que regresamos a la cama, tenemos muchos momentos disponibles para cambiar nuestra forma de pensar y nuestro actuar. No pasa nada si te equivocas, restablece la dirección y sigue tu camino. Más vale corregir tarde, que nunca enderezar el rumbo.

Cada error te brinda la oportunidad de aprender y cambiar algo en tu vida. Las crisis nos fortalecen. No te flageles tanto y supera la fase de auto decepción en cuanto te sea posible para que sigas avanzando. Es normal sentirte mal cuando no te va tan bien como esperabas, cuando enfrentas consecuencias inesperadamente negativas. Pero eso no tiene por qué durar mucho. Llora, sécate las lágrimas y alégrate por la oportunidad de aprender para mejorar. ¡Vive! ¡Goza la vida!

Si este libro te ha resultado útil, por favor recomiéndalo y refiere lo que aquí has aprendido. Tal vez alguien cercano a ti pueda beneficiarse con esta perspectiva que acabas de conocer y que ¡ojalá! empieces a poner en práctica. Esparciendo la voz podremos llegar a más personas y, si están dispuestas, ayudarles a aliviar su sufrimiento y colaborar en la construcción de una relación de pareja donde se sientan amadas y plenas. ¡Que mi sufrimiento y el tuyo valgan la pena si sirven de motor para prevenir o solucionar el de alguien más!

Es alarmante conocer las cifras de casos de abuso sexual, embarazos en adolescentes, ETS, y violencia doméstica; tristemente la necesidad de afecto lleva a muchos jóvenes a tomar decisiones en las que arriesgan su salud, su felicidad y su vida.

Puedes buscarme en redes sociales *@raquelvidald* como Facebook, Instagram o YouTube donde encontrarás frases, información y videos útiles para mejorar tus relaciones interpersonales. No olvides solicitar gratis una guía para elaborar una carta de restauración de vínculo con los padres o de desapego con la pareja.

Si deseas pedir más informes, o trabajar en tu proceso de terapia con asesoría personalizada bajo este enfoque, puedes contactarme a través de redes sociales o en mi página web: *www.raquelvidald.com*

Raquel Vidal

ACERCA DE LA AUTORA

Raquel Vidal-Durán se graduó en Psicología por la Universidad de Guadalajara (UDG). Estudió una maestría en Terapia Guestalt en el Instituto de Terapia Guestalt Región Occidental (INTEGRO), y otra en Desarrollo Transgeneracional Sistémico en el Instituto de Psicoterapia Transgeneracional (IPT). Se formó en Constelaciones Familiares en el Institut Gestalt de Barcelona (IG) y cursó estudios de Sistemas Familiares y Adicciones en la Universidad de Texas Tech (TTU). También ha tomado cursos de Programación Neurolingüística e Hipnosis Ericksoniana, entre otros.

Tiene más de 20 años de trayectoria profesional, incluyendo el ámbito de la consulta privada, la atención en centros de adicciones, la asesoría educativa y la enseñanza desde nivel preescolar hasta posgrado. También ha impartido talleres y conferencias con diversas audiencias, y se mantiene como voluntaria en organizaciones sin fines de lucro. Su mayor pasión es la psicoterapia, vocación con la que puede ser testigo y partícipe de la mejoría y bienestar de sus pacientes. Ama la docencia y como escritora anhela ayudar a más personas, en especial a los jóvenes, orientándolos para elegir mejor y construir relaciones de pareja más saludables y satisfactorias.

Ligas: https://www.udg.mx, https://instituto-transgeneracional.edu.mx, http://integro.edu.mx, https://www.institutgestalt.com, https://www.ttu.edu.

ÍNDICE TEMÁTICO

PARTE III. PONIENDO ORDEN

CAPÍTULO 7. LAS SEÑALES

CAPÍTULO 13. LA CELEBRACIÓN

BIBLIOGRAFÍA

Alberoni, F. (2000). Enamoramiento y amor. Barcelona, España. Gedisa.

Boszormenyi-Nagy, I. y Spark, G. (1994). Lealtades invisibles. Reciprocidad en terapia familiar intergeneracional. Buenos Aires, Argentina. Amorrortu Editores.

Canault, N. (2016). Cómo pagamos los errores de nuestros antepasados. Barcelona, España. Ediciones Obelisco.

Chapman, G. (1995). The five love languages. Chicago, E.U.A. Northfield Publishing.

__________, (2007) Nuestro dinero, la guía Chapman para manejar las finanzas en su matrimonio. Chicago, E.U.A. Focus on the family pub.

__________, (2014) Now you are speaking my language. Nashville, E.U.A. B&H Publishing group.

Chapman, G. y Thomas, J. (2009) Los cinco lenguajes de la disculpa. Chicago, E.U.A. Tyndale House Publishers.

Divorce Magazine (2019). Divorce rates. https://www.divorcemag.com/articles/world-divorce-statistics-page-1

Eggerichs, E. (2010). Amor y respeto. Michigan, E.U.A. Thomas Nelson.

Eguiluz, L. (comp.). (2003). Dinámica de la familia. Un enfoque psicológico sistémico. Ciudad de México, México. Pax.

Expansión Política. (2019). 14 datos de la violencia de género que explican el enojo de las mujeres. México. https://politica.expansion.mx/mexico/2019/08/19/datossobre-violencia-contra-mujeres-mexico

Fromm, E. (2015). El arte de amar. Buenos Aires, Argentina. Editorial Paidós.

Garriga, J. (2010). ¿Dónde están las monedas? Las claves del vínculo logrado entre hijos y padres. Barcelona, España. Rigden Institut Gestalt.

__________, (2011). Vivir en el alma. Amar lo que es, amar lo que somos y amar a los que son. Barcelona, España. Rigden Institut Gestalt.

__________, (2013). El buen amor en la pareja: cuando uno y uno suman más que dos. Barcelona, España. Destino.

__________, (2014). La llave de la buena vida: Saber ganar sin perderse a uno mismo y saber perder ganándose a uno mismo. México. Paidós.

Gray, J. (1998). Los hombres son de Marte y las mujeres son de Venus. México. Océano Editorial.

Hawkins, D. (2005). 9 Critical mistakes most couples make. Oregon, Estados Unidos. Harvest House Publishers.

Hellinger, B. (2001). Felicidad Dual. Barcelona, España. Editorial Herder.

__________, (2001). Los órdenes del amor. Barcelona, España. Editorial Herder.

__________, (2002). El centro se distingue por su levedad: Conferencias e historias terapéuticas. Barcelona, España. Herder.

__________, (2006). El intercambio: Didáctica de constelaciones familiares. Barcelona, España. Rigden Institut Gestalt.

Hellinger, B. y Bolzmann, T. (2012). Los órdenes de la ayuda. Buenos Aires, Argentina. Alma Lepik.

Instituto Nacional de Estadística y Geografía (2019). Estadísticas sobre divorcio. México. http://cuentame.inegi.org.mx/poblacion/myd.aspx?tema=P

Jodorowsky, A. y Costa, M. (2015). Metagenealogía. Ciudad de México, México. Editorial De Bolsillo.

Johansen, O. (2013). Introducción a la teoría general de sistemas. México, México. Limusa.

Langlois, D. y Langlois, L. (2014). Psicogenealogía. Barcelona, España. Ediciones Obelisco.

Lerner, H. (1985). The dance of anger. New York, NY. Harper & Row.

__________, (1991). La mujer y la intimidad. Barcelona, Spain. Urano.

McGoldrick, M. y Gerson, R. (2000) Genogramas en la evaluación familiar. Barcelona, España. Editorial Gedisa.

Nandone, G. (2012). Corrígeme si me equivoco. Barcelona, España. Editorial Herder.

O'Connor, J. y McDermott, I. (1992). Introducción a la programación neurolingüística. Barcelona, España. Urano.

__________, (1998). Introducción al pensamiento sistémico. Barcelona, España. Urano.

Organización de las Naciones Unidas (2019). ONU Mujeres. Hechos y cifras: acabar con la violencia contra mujeres y niñas. https://www.unwomen.org/es/what-we-do/ending-violence-against-women/facts-and-figures

__________, (2019). ONU Mujeres. Violencia feminicida en México. https://mexico.unwomen.org/es/digiteca/publicaciones/2019/05/infograf ia-violencia-feminicidaen-mexico

Ornstein, R. (1993), La psicología de la conciencia. Madrid, españa. Editorial Edaf.

Riso, W. (2016)a. Los límites del amor: Hasta dónde amarte sin renunciar a lo que soy. México. Océano.

__________, (2016)b. Cuestión de dignidad. El derecho a decir NO. México. Océano.

__________, (2017). Amores altamente peligrosos: Los estilos afectivos con los cuales sería mejor no relacionarse: cómo identificarlos y afrontarlos. México. Océano.

Sánchez, F. (2009). Constelaciones Familiares: Una guía de trabajo. Barcelona, España. Rigden Institut Gestalt.

Schlessinger, L. (1995). Ten stupid things women do to mess up their lives. New York, NY. Harper Perennial.

Schutzenberger, A. (2006). ¡Ay, mis ancestros!, Buenos Aires, Argentina. Editorial Omeba.

Secretariado Ejecutivo del Sistema de Seguridad Pública (2019). Información sobre violencia contra las mujeres (Incidencia delictiva y llamadas de emergencia 9-1- 1), septiembre 2019. México. https://www.gob.mx/sesnsp/articulos/informacion-sobre-violencia-contralas-mujeres-incidencia-delictiva-y-llamadas-de-emergencia-9-1-1-febrero-2019

Stecca, C. (2004). Cerrando ciclos vitales. Ciudad de México, México. Editorial Pax México.

Strategos. (2014). Revista digital del Instituto de Información Estadística y Geográfica. México. https://iieg.gob.mx/strategos/alcanza-area-metropolitana-de-guadalajara-los-5-millones-de-habitantes

Tisseron, S. (2001) Nuestros secretos de familia. DF, México. Editorial Planeta Mexicana.

Van Eersel, P. y Maillard C. (2004). Mis antepasados me duelen. Barcelona, España. Ediciones Obelisco.

Watzlawick, P. (2011). ¿Es real la realidad?, Barcelona, España. Editorial Herder.

__________, (2012). Teoría de la comunicación humana. Barcelona, España. Editorial Herder.

Westfall, J. (2012). Getting past what you'll never get over. Michigan, E.U.A. Baker Publishing Group.